JN250952

わがままを言うのは悪いこと？
いいえ、わがままは
「あなたを頼りにしています」
という愛情表現です。

嫌われないように、頑張る。
愛されるために、我慢する。
その方法で、思い描いていた
“幸せな恋愛”を手に入れてきましたか？

あなたにとっての“普通”で
上手くいかなかったのなら、
“普通じゃないこと”を
やってみなくちゃ！

わがまま上手は、愛され上手。

あなたがして欲しいことを、
素直に言葉にすればいい。
わがままを解禁したほうが、実は男も女も
ラクなんです。

"私の喜ばせ方"を
彼に教えて
あげよう♥

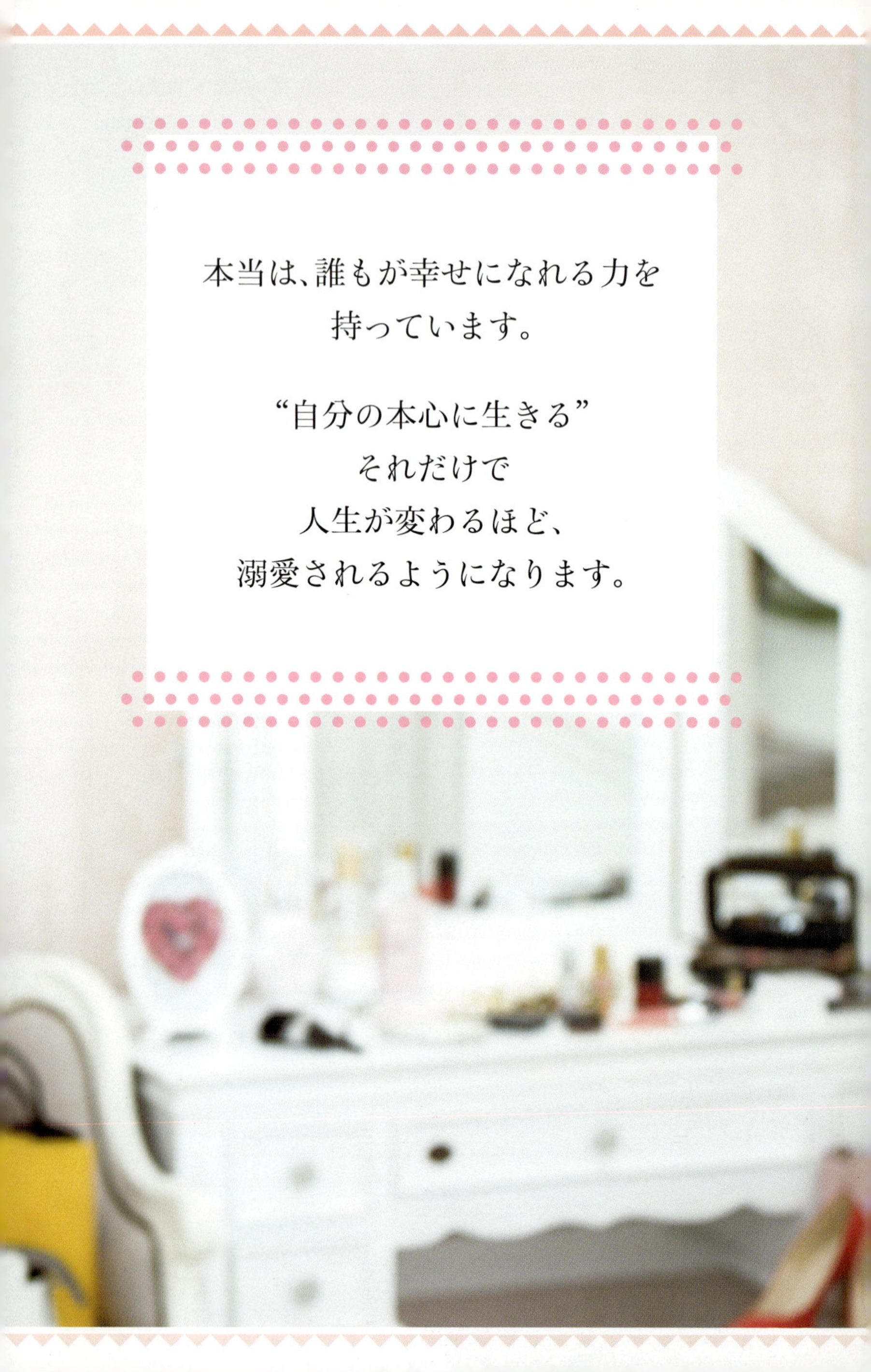

本当は、誰もが幸せになれる力を
持っています。

“自分の本心に生きる”
それだけで
人生が変わるほど、
溺愛されるようになります。

恋愛上手なあの子がしてる

溺愛される
わがままのすすめ

愛妻コンサルタント　萩中ユウ著

WAVE出版

はじめに

「わがままを言うと、彼に嫌われる」と思っている女性は多いでしょう。

実際に、彼にわがままを言ったら嫌われてしまったという経験がある方もいるかもしれません。


でも、実は「伝え方」が間違っていただけだとしたら……?

素直に本心を伝えれば、その〝わがまま〟によって、二人はもっと仲良くなれる。

大切なのは、「わがままの伝え方」なのです。


もしあなたが、我慢ばかりするつらい恋愛をしているのなら……。

パートナーとわかり合えないことを嘆いているのなら……。

ぜひこの本でお伝えしている内容を実践してみてください。きっと〝愛されるわがまま〟が言えるようになるはずです。

私は「愛妻コンサルタント」として、女性の恋愛や結婚を応援するための講座やセミナーなどを主宰しています。

東京、大阪、名古屋で開講している4カ月間の継続講座には、いつも定員をはるかに上回るお申し込みがあり、恋愛・結婚で悩む女性がとても多いことを実感しています。

講座の生徒さんたちは、つらい恋愛経験を持つ女性がほとんど。でも私が彼女たちを見て思うのは、本当は誰もが「幸せな恋愛をする力」を持っているということです。

生徒さんたちは、本来の自分に戻った結果、びっくりするほど短期間で彼氏ができたり、結婚が決まったりしています。キラキラの笑顔で報告してくれる彼女たちから、私はいつも感動をもらっているのです。

前著の『「1%も尽くさない」で一生愛される』では、〝尽くす〟ことを頑張りすぎている女性に向けて、「遠慮しないで素直に彼に愛されて！」というメッセージを送りました。

私のメッセージを受け取ってくれた読者さんからは、

「我慢するのをやめたら、恋愛がすごく楽しくなりました！」

「素直に甘えたら、彼が優しくなりました♥」

という喜びの声がたくさん届いています。


本書では、もっともっと幸せになるための方法をお伝えします。

まず必要なのは、あなたがこれまで素直なわがままを言えなかった原因を知ること。

次に必要なのは、自分の本心を上手に伝える力を磨くこと。


そうやってわがままを素直に言えるようになると、あなたは愛される恋愛がラクにできるようになります。

同時に、〝生き方〟自体が変わってくるでしょう。なぜなら、自分の本心を言葉にできるようになると、すごく自然に自分らしく生きられるようになるからです。

ありのままに自由に生きることで、あらゆる物事がうまく回りはじめます。その先に待っているのは、幸せがあふれ出す人生です！

実は、これは私自身、現在進行形で体験していること。
私は今、思いっきりわがままに自由に生きて、パートナーに溺愛されながら大好きな仕事をすることができています。
そんな私自身の個人的エピソードも交えながら、溺愛される人生を選ぶ方法をお伝えできればと思います。

一人でも多くの女性が、あふれる幸せを手にすることができますように！

２０１７年10月

萩中　ユウ

恋愛上手なあの子がしてる

溺愛されるわがままのすすめ

目次

第1章 ありのままの私で溺愛される♥

第2章 頑張り癖を捨てて、本来の自分に戻る♥

第3章

素直に愛されるためのレッスン♥

第4章

わがままするほど溺愛される❤

第5章 ずっと自分らしくいられる欲張り人生論♥

写真　山野浩司
装幀　トヨハラフミオ（As制作室）
構成　豊原みな（As制作室）
ヘアスタイリング　阿形聡美
ＤＴＰ　ノア
編集　大石聡子（WAVE出版）

第1章

ありのままの私で溺愛される♥

〝普通じゃない〟私の恋愛アドバイス

私はずっと、「ユウの恋愛観って、変わってるね」と言われ続けてきました。私にとっては〝普通で当たり前〟の恋愛の仕方が、まわりの人にとっては〝普通じゃない〟やり方だったわけです。

そんな〝変わり者〟の私が、恋愛を語る仕事をするようになるとは思ってもみませんでしたが、今では恋愛や結婚のお悩みに対して、「私だったら、こうしますよ」とアドバイスしています。

恋愛のお悩み相談を始めたきっかけは、私の〝おせっかい〟でした。

ファッションが大好きだった私は、もともとデート服専門のパーソナルスタイリストをしていました。デートに着ていく服について悩む方にアドバイスをして、ショッピングに同行する仕事です。

お客様は、大好きな彼に可愛いと思ってもらいたい女性たち。彼女たちは、ファッションだけでなく恋愛の悩みも抱えていることが多く、ファッションの相談に乗るうちに恋愛の話もするようになっていきました。

たとえば、こんなやりとりがありました。

「彼にメールしたいんだけど、前に送ったメールの返事がきてないんです……」

というAさんに、私はこう答えます。

「えっ、メールしたいならすればいいじゃないですか！　連続で送っちゃダメなんていうルール、ありませんよ」

「そんなことしていいのかな？　重いと思われませんか？」

「『必ず返事してね！』と言うと、彼も負担かもしれないけど、伝えたいときに送れるのがメールのいいところ。返事がこないからって、一人で不機嫌になられるほうが、彼を困らせると思いますよ」

こんなこともありました。

「彼が本当に私のことを好きかどうか、いまいちよくわからないんです……」

というBさん。

「じゃあ、聞いてみたらどうですか？　私は、彼に『私の好きなところを10個言って！』

ってお願いしてますよ」

そう言うと、Bさんは驚いて言いました。

「ええっ！　ユウさん、それって普通じゃないです！　嫌がられませんか⁉」

「でも、彼が自分のどこを好きか知りたいし、愛情表現をしたがらない男性に、こちらが求めていることをしてもらうのも、彼女である私たちの役目じゃないですか？」

Bさんは驚きながらも、何度も頷いてくれました。

「嫌がる男性もいるかもしれないけど、それはお願いしてみなければわからないですよね。理由を説明すれば言ってくれる人って、実は多いんです。お願いして、もし言ってくれたら、Bさんはすっごく喜べばいいんです。そうすれば彼も嬉しいと思いますよ」

このようなやりとりをしたあと、おせっかいな私は「その後どうなりましたか？」と必ず聞くようにしていました。すると、そんな〝普通じゃない〟私の提案を、できる限り実行してくれた方はみんな、彼とより仲良くなったり、望んでいたことをしてもらえるようになったりしていたのです。

恋愛観の土台ができた高校時代

そうしているうちに、私のアドバイスがきっかけで、「彼氏ができた」「あっさり結婚が決まった」という方が増えてきました。

私の恋愛観は「みんなの普通」とは違うけれど、その〝普通〟に沿った恋愛で、涙を流す女性は多いみたいです。

〝私の普通〟を伝えることで、もっと多くの女性たちにとって自分主体の恋を楽しめるキッカケになれば……。そう思った私は、ブログに自身の恋愛のことを書くようになりました。やがて、恋愛・婚活に関するワークショップやセミナーを開催するようになり、愛妻コンサルタントとして本格的に活動するようになったのです。

この仕事を始めて、

「私の恋愛観は、どうやってできたのかな?」

「私の〝普通〟は、いつ生まれたんだろう?」

と考えるようになりました。

記憶をたどると、始まりは高校時代。生まれて初めてできた彼との日々が、私の恋愛観をつくり上げていました。

ここを説明すれば、「素直にわがままを言って溺愛される恋愛」がわかりやすく伝わると思います。なので、ここではしばらく高校時代の私にお付き合いくださいね。

私は高校に入学してすぐに彼氏ができ、卒業までの三年間、ずっとその彼と付き合っていました。

その当時を一言でいうと、夢中で恋愛をしていました。恋愛しかしていなかったんじゃないかと思うほどです。苦しいとかつらいとかいう感情はなく、とにかく真正面から必死に彼と向き合っていました。

初めて男性と付き合う私にとって、彼氏という存在は、「私のすべてを理解してくれる人」であり、「絶対的な味方」だというイメージ。私は当然のように、自分の感情のすべてを彼に話すようになっていきました。

初めて男性と付き合って気づいたこと

私はもともと、思っていることを口に出す性格です。嬉しいことや楽しいことはもちろん、寂しいと感じたことや腹が立ったことも伝えていました。ことあるごとに、

「こんなことされたら、寂しいよ」

「何それ！　すっごくムカつくんだけど！」

と言うわけです。

彼に余裕があるときは、一応「はいはい」と聞いてくれます。でも彼に余裕がないときは、

「なんだよ、わけわかんないよ。そうやって俺にぶつけるなよ」

と、怒らせてしまうこともありました。

ある日、そんなやりとりのあと、怒った彼が私を置いて一人で帰ってしまったときはすごくショックでした（毎日一緒に帰っていたのに……）。

自転車に乗って去っていく彼に向かって、「待ってよ〜！」と涙目で叫んでいたのを今でも覚えています（苦笑）。


好きで付き合っているのだから「彼は私のことを理解してくれるはず」と思っていたのですが、なんでもわかってくれるわけじゃないことに私は気づきました。


私にとっては「怒るに決まってるでしょ！」ということでも、彼にとっては「なんでそんなことで怒るの？」ということもあります。

私が「寂しいの！」と言っても、彼は「え？（それってどういう感情なの？）」という反応をしたりするのです。

こうして、男と女は根本的に違うということを、私は身をもって実感しました。
でも、だからといって彼に気持ちを伝えなくなったわけではありません。
「どうせわかってもらえないから」といって気持ちを押し込めるのは、彼と向き合うことから逃げているだけで、なんの解決にもならないからです。

私は、気持ちを完全に理解してもらうおうとするのをやめて、〝今の私の気持ちを知ってもらう〟までを目指すことにしました。

「あなたには理解できないかもしれないけど、こういうときに私はこんな気持ちになるんだよ」と言うようにしたのです。
そうすれば、彼にとっては受け入れやすくなるし、「理解はできないけど、この子はこう思うんだな」と受けとめてもらうだけで、私は愛情を感じて安心できます。

男性にとって不可能なことを女性が求め続けてしまうと、お互いが苦しい思いをすることになります。だから、「全部を理解して！」はあきらめる。それによって、お互いがラクになっていくのです。

彼が私の気持ちを受けとめてくれた理由

「理解はできないかもしれないけど、私がどう感じているかを知ってほしい」これは〝素直なわがまま〟の第一歩です。

そこから発展して、私は彼にこんなことまで言っていました。

「勉強もバイトも大変で寝不足～。眠い！　イライラする！」

「えーっ、なんで雨降ってんの⁉　もうヤダ！　なんとかして～」

彼は寝不足や雨を理由に怒ったりしないので、理解不能な発言です。でも、単なるわがままに見えるこうした発言も、彼は受けとめてくれるようになっていきました。

「お疲れさま。よく頑張ったね」

「雨は苦手なんだもんね。やむまで、パフェでも食べよっか！」

こんなふうに返してくれるようになったのです。

でもこれは、彼が特別に優しくて、私が特別に愛されていたというわけではなくて〝愛情の貯金〟があったから。毎日「愛情を積み立てる」ことで、わがままを受けとめてもらえるようになったのです。

彼の素敵だなと思うことは、私は自然に口に出して伝えていました。

「みんなの前でああいうことが言えるなんて、すごいね！」
「悪口を絶対に言わないよね、本当に尊敬する！」
「あのときのあの行動が、かっこいいなって思ったよ」

と、日頃から素直に褒めていたので、彼のことが大好きで大切に思っていることは伝わっていたと思います。

また、しつこいくらいに感謝をしていました。

「毎日、家まで送り迎えしてくれて、ありがとう」
「怒ってる私の話を聞いてくれて、ありがとう」
「いつも優しくしてくれて、ありがとう」

一つ嬉しいことがあったら、3回くらい「ありがとう！」を伝えていたのです。

彼からもよく、

「いつも、いっぱい感謝してくれるね」

「ありがとうって、よく言ってくれるよね」

と言われていたので、感謝はきちんと届いていたはずです。

最初の段階で〝愛情の貯金〟ができていたので、彼も私のわがままを受けとめてくれたのでしょう。

当時の私は「愛情の貯金をしよう」と思って彼を褒めたり感謝したりしていたわけではありません。でも、こういう愛情表現は、わがままを言える関係をつくる上でとても大切です。

今、私が恋愛のお悩み相談を受けるときは、彼に「ありがとう！」を伝えることがいかに重要かについて、いつも力説しています。

愛情表現を恥ずかしがる必要はまったくありません。その積み重ねが、二人の関係のベースになるのですから。

喧嘩をすると、もっと仲良くなる？

高校生の私は（今の私もそうですが）、彼に対して我慢や遠慮をまったくしていませんでした。だから、喧嘩は日常茶飯事。ほぼ毎日、喧嘩していました。家に帰っても電話で喧嘩をしていて、家族から「よくもまあ、そんなに喧嘩できるね」とあきれられるほどです。


喧嘩をするときは、だいたい私が彼に感情をぶつけていました。

最初は喧嘩をするたびに悲しくて苦しくて、「また喧嘩しちゃった。本当は仲良くしていたいのに……」と落ち込んでいました。

彼はというと、「そんなふうに感情的になっても、なんにも解決しないじゃん」と正論を言います。〝感情的になっている私〟は受け入れてくれないのです。

でも、私が感情をぶつけてしまうのは、彼からの愛情が感じられないとき。そんなときに私が欲しいのは、優しい言葉と安心感なのです。

そのうちに私も、「そうか、感情的になると私が望んでいるものは手に入らないんだ」と気づくようになりました。彼に対して感情的になってしまったらダメ。いいことは何もないのです。

そのことに気づいてからは、感情に流されそうなときは「冷静に、冷静に……」と心を落ち着かせて、彼が理解できるように自分の気持ちを伝えていました。

「今ね、こういう言い方をされたのが嫌だったの。こんなふうに言われたかったの」

このようにちゃんと説明すると、彼も受け入れてくれるのです。そして、私が欲しい言葉をくれたら、「ありがとう♥」と何度も伝えて素直に喜びました。

それでも、感情が先立ってしまって気持ちがうまく伝えられないこともあります。感情が止められなくなり、彼を敵のように感じて、自分の理屈で言い負かして謝らせるような喧嘩もしていました。

ただ、それでは言いたいことを言ってスカッとはするけれど、モヤモヤは残ったままです。「あれ？　私が欲しかったのって、彼の『ごめんなさい』じゃないよね……。彼と闘うために一緒にいるんじゃないよね……」と反省することもたくさんありました。


感情的になっていたとき、彼からよく言われた言葉があります。

「じゃあ、俺はどうしたらいいの？」

そう言われた私は、言葉に詰まるのです。

当時の私は「彼にどうして欲しいか」を明確に言葉にできず、ただただ感情をぶつけてしまうことがありました。

どうして欲しいかがわからなければ、その本心を伝えることもできないし、伝えなければ、絶対にやってもらえません。

でも、きちんと伝えれば、彼は応えてくれるのです。


「して欲しいこと」を言葉にできるようになると、喧嘩はつらく苦しいものではなく、

〝二人がもっと仲良くなれるためのもの〞と思えるようになりました。

相変わらず喧嘩はしょっちゅうしていたけれど、言いたいことを伝え合うと、喧嘩はすぐに終わります。15分くらいたったら、またいつものように笑い合っているのです。

喧嘩を嫌なものだと思うのではなく、深いコミュニケーションの一つだと思ってみてください。二人の関係をずっと続けていくためには、これはなくてはならない考え方です。

相手と徹底的に向き合って生まれた恋愛観

高校時代の私の恋愛は、いわばトライ&エラーの繰り返し。胸が痛くなるような経験も多かったけれど、初めての彼氏ということもあって、別れるという選択肢はまったく思い浮かびませんでした。

一番大切にしていたのは、「この人ともっと仲良くなるためには、どうすればいいか」ということです。

だから、駆け引きなんてしなかったのはもちろん、彼の気を引くために「別れる！」と、心にもないことを言うこともなく、納得していないのに「もういい！」と言って話し合いを放棄することもありませんでした。

いつだって目の前の課題に対し、「どうしたら解決できるか」「どうすれば二人がもっと仲良くなれるか」を考え、実行していたのです。

自分の気持ちを押し込めて、相手に伝えないなんてありえない！
伝えることをあきらめたら、彼との関係は終わってしまう！
伝え方を間違えなければ、二人が仲良くなるためのお願いは絶対に聞いてもらえる！
愛情を伝えることを忘れなければ、どんな問題も話し合って解決できる！

これが、私の〈恋愛の基本スタンス〉になりました。

彼は毎朝私を迎えに来てくれて、一緒に学校へ行き、帰りもいつも一緒。バイト先も同じで、家に帰ったら電話もするし、手紙のやりとりもするし、交換日記までしていました。こんなにもコミュニケーションをとる高校生カップルはなかなかいなかったと思います（笑）。

でも、一緒にいる時間が長い分、お互いにしっかり向き合い、全力で言いたいことを伝え合っていました。そこから生まれた私の恋愛観は、たとえ「変わっている」と言われようと、「私はこのやり方でいいんだ」と自信を持てるものでした。

自分の本心に沿って、みんなが恥ずかしがって彼に言わないことでも言う。みんなが怖くてできないことでもやってみる。

それが私の〝普通〞になりました。

こうして〝素直なわがまま〞を言うのが当たり前の私ができ上がったのです。

相手を知ろうとするところから恋愛は始まる

高校を卒業し、いくつかの恋愛をしたあと、私は〝最後の彼〟に出会い、数年前に結婚しました。現在、私は夫のリョータさんとのエピソードをよくブログなどで紹介しています。

その内容を見て、リョータさんは「私にとって、もともと理想的な男性だった」と思っている方が多いようですが……。最初から理想どおりだったわけでは決してありません。今、私は心から夫を尊敬し、信頼し、「夫のことは、今が一番大好き！」と言い続ける自信があります。でも、最初からそうだったわけではないのです。

私目線から見た彼の第一印象を、少しお話しますね。

まず、リョータさんの見た目は特別に私のタイプだったわけではありません。

さらに、私の苦手なタバコを吸う人でした。ついでに言うと、当時彼は若手美容師だったので、高収入なわけでもありませんでした。

「私がユウさんなら、この時点で彼とデートすることはありません」と言う方もいるかもしれません。でも、ここで相手がどういう人かを知らないうちに「可能性ゼロ」と判断していたら、今の幸せな結婚生活はなかったわけです。

リョータさんからのお誘いに毎回乗るわけではないけれど、連絡を断つということもしませんでした（第3章でお話する「アンチタグ」に該当しなかったからです）。

そしてリョータさんと会うときには、男性としてではなく、人として興味を持つようにしていました。純粋に「今私が一緒に食事をしている人は、どういう人なんだろう？」と思っていたのです。

なぜなら、彼と会っている自分の時間を「なんとなく」過ごすのは嫌だったから。

興味のない男性とのデートは無駄な時間と捉えている女性は多いのですが、無駄にするかどうかは相手ではなく自分次第です。

だから、私はリョータさんとの食事の時間も決して無駄にしないように、会っているときは、いろいろな質問をしました。

「どうして地元を離れて上京してきたの？」

「最近、感動したことは？」

「実家にはどれくらいの頻度で帰っているの？」

そうすることで、一回会うだけで彼のさまざまな面を知ることができたと思います。

そして、何度か会ううちに、第一印象では見えなかったリョータさんが見えてきました。一度決めたことは頑固なまでにやり通す姿勢、自分よりも相手を優先できる思いやり、女の子に負けてあげられる強さ。

そんな彼の魅力をたくさん知ることになったのです。

二人の関係を〝育てる〟パートナーシップ

私は最初から、リョータさんに対して猫を被ることをせず、常にありのままの自分

で接していました。もちろん思ったことはすべて伝えます。「まだ知り合って間もないから」とか「まだ付き合っていないから」と遠慮したことはありません。「さあ、私を幸せにしてみて！　ヒントは何も言わないけどね」と、彼に丸投げをして今に至ったわけではなく、たくさんぶつかって、話し合って、価値観を伝え合って、今の二人の関係ができたのです。

たとえば、彼に私好みの服を着て欲しいと思ったら、一緒に買い物に行って「こっちの服のほうが、素敵だよ！」とすすめたり、タバコの煙が苦手なことを素直に伝えたりしていました。

その結果、彼は私好みの服を着るようになり、タバコもやめてくれました。そうなったのは、二人のコミュニケーションの賜物なのです。

リョータさんとデートを重ねていた2、3カ月間は、実は彼から受けた告白の返事を待たせている状況でした。

でも、彼の人柄を知り、いろいろなことを伝え合ううちに、私は彼とずっと一緒にいたいと思うようになりました。

そしてある日の帰り道、自分から「私、リョータさんと結婚する」と言ったのです。そのときの彼の驚いた顔は、今でもよく覚えています。

結婚したあとも、自分の気持ちを素直に伝えることは休みなく続けていますが、時がたてばたつほど、ラクに一緒に過ごせるようになっています。

たまには私が感情的になって、リョータさんにキツい言葉をぶつけてしまうこともあります。でもすぐに冷静になって、**「傷つけたいわけじゃなくて、もっと仲良くなるための話し合いなのに、これじゃ着地点が見つからないね」**と言えるようになりました。

常に目標は〝もっと仲良くなること〟なのです。

自分の気持ちを伝え、相手の気持ちを聞くのは、面倒くさいことではあるけれど、その結果、もっと仲良くなれるのだから、エネルギーを注ぐだけの価値はあります。

「この人！」と決めたら、「ほかの人だったらどうかな」なんて考えずに、〝もっと仲良くなる〟を第一目標にする。そうすれば、嫌い合っている二人でない限り、ラクに一緒に過ごせるベストパートナーになれるはずだと、私は思っています。

このあと、私とリョータさんのエピソードもたくさん紹介していきますが、

「ユウさんだからできるんじゃないの？」

「リョータさんみたいな人がいればな……」

なんて思わないでください。

モノの見方を少し変えれば、誰にでもできること。

あなたが変われば、二人の関係性は必ず変えることができます。

これからお伝えする私の提案を、あなたの恋愛にほどよく取り入れてみてください。

きっと近い将来、あなたのわがままを受け止めて、あなたを溺愛してくれる彼が隣にいてくれるはずです。

気づかないうちに我慢をしているあなたへ

ここまでは私の恋愛観や結婚に至るまでのストーリーをお伝えしてきました。最後にもう一つ、私と夫のエピソードをお話しますね。

これは結婚したばかりの頃の出来事です。

あるとき、私はリョータさんにパソコンを使った作業をお願いしていました。しばらくたって、私はあることを思いついて彼に話しかけました。作業に集中していたリョータさんは、画面を見ながら「うんうん」と言うのです。

「話、ちゃんと聞いてよ！」と言う私に、彼は、

「ちゃんと聞いてるよ。こういうことでしょ？」と返します。

たしかに彼は私が言ったことを言葉にできました。でも、私にとってはパソコンの画面を見ながら聞くのは〝ちゃんと聞いていた〟ことになりません。それは聞く姿勢じゃないと思うのです。ただ、リョータさんにとっては、耳に入っていればそれは〝ちゃんと聞いていた〟なのでした。

彼は私のために作業をしてくれていたわけです。そして実際のところ、私の話の内容は聞いてくれていました。

大好きな彼とあなたとの間に同じことが起こったら、あなたはどんな反応をしますか？　彼の聞き方に対して、なんだか寂しい気持ちになったり、ムッとしたりしても、「彼とぶつかるのは嫌だし、何も言わない」という人が多いかもしれませんね。

でも、私はこう言いました。

「リョータさんは、それで聞いていることになるかもしれないけど、私は目を見て聞いてもらわないと、聞いてもらったことにならないから、次からはそうしてね」

私が彼にして欲しいことを、素直に伝えたのです。

それ以来リョータさんは、どんなときも私の目を見て話を聞いてくれるようになりました。たまに彼が電話をしているときに、私が気づかずに話しかけても、目だけは見てくれます。

あなたが彼の言動についてモヤモヤしたとき、本当に彼にして欲しいことを伝えずに、いつも我慢しているとしたら……。

彼と良い関係をつくるためには、それが普通だと思っているとしたら……。

それは、恋愛において、「頑張り癖」がついてしまっているのかもしれません。

この「頑張り」とは、本心に反する言動のこと。

頑張ってしまうと、恋愛はうまくいかないことのほうが多いのです。あなたが本当に望んでいることを我慢して押し込めていては、幸せになれるはずがありません。

けれど不思議なことに、恋愛で悩んでいる女性は、幸せになりたくて、彼に好かれたくて、我慢して頑張っていることが多い。

不安にならない恋愛をしたいはずなのに、頑張り続けることで、自ら不安になってしまっているようです。

第2章では、そんな女性たちが、どんなふうに頑張ってしまっているのか、なぜ頑張ってしまうのかを考えてみたいと思います。

Column 1
Message from Ryota

本音を言ってくれる彼女が愛しい理由

ユウちゃんと出会ってから、最初は驚きの連続でした。こんなにもハッキリと想いのすべてを口に出す女性を、僕は他に知らなかったからです。

それまでは、「女性は本音を言わない」というイメージがありました。「なんか連絡少ないよね（寂しいからもっと連絡して）」というふうに、言葉にしない〝カッコ書きの本音〟を察して欲しがる女性が多いという印象だったのです。

でも、ほとんどの男性は、ハッキリ言われないとわからない。

だから、なんでも言葉にしてくれるユウちゃんと一緒にいるのは、すごくラクです（厳しいこともたくさん言われますが……苦笑）。

ユウちゃんと付き合い初めた頃、すごく印象的だった出来事があります。

デートの約束をしていた日に、彼女が風邪を引いて出かけられなくなりました。僕が電話で「無理しないでゆっくり休んで。じゃあまたね」と言うと、彼女はこう言ったのです。

「何言ってるの？　今すぐお花を買って会いに来て！」

体調が悪いときは、そっとしておいて欲しいだろうと思ったのですが、彼女いわく「外出はできないけれど、つらいときこそ顔を見て話したい」ということでした。僕が花を持って駆けつけると、出迎えてくれたユウちゃんは満面の笑顔。

まったく想像していなかったリクエストでしたが、素直に希望を教えてもらったことで、僕は彼女を喜ばせることができ、自分も満たされた気持ちになったのです。

僕にとって（おそらくほとんどの男性にとっても）、女性は〝外国人〟のような存在。相手にとって、何が〝普通〟かわからないのです。

言葉にしてもらえてこそ、相手の気持ちがわかる。だから男女の間ではとくに、気持ちやリクエストをしっかりと言葉にすることが大切だと思います。

第2章

頑張り癖を捨てて、
本来の自分に戻る♥

なぜ「頑張って」恋愛してしまうの？

「頑張って彼に愛されようとする」

これは、私の恋愛観では〝普通じゃない〟ことです。だから、最初はあまりにも多くの女性が「頑張っている」ことを知って驚きました。

頑張り癖がある女性は、彼氏が欲しいと思っているときも、誰かと付き合っているときも、さらには結婚したあとまで、頑張り続けてしまいます。

どうして、そんなに頑張ってしまうのでしょうか？

それは、自分がどうあるかよりも、相手からどう見られるかに意識をフォーカスしているから。「嫌われたくない」「愛されなきゃならない」という気持ちが強いと、人は頑張ってしまうのです。

そしてやがて、無理をしたり、我慢をしたり、遠慮をしたりすることが〝普通〟になってしまう……。そうやって、相手を思いやることを重視し、自分の本心は隠すのが当たり前の「頑張る恋愛」をしてきた方も多いのではないでしょうか。

でも、ちょっと考えてみてください。

そんなふうに一生懸命頑張った結果、あなたは彼から溺愛されましたか？思い描いていた〝幸せな恋愛〟を手に入れてきましたか？

頑張るという行為によって、一時的に彼の気を引くことはできるかもしれません。でも、長期的な関係をつくることは難しくなるはずです。

だって、頑張るって「耐え忍んで努力すること」だから。

ひたすら耐え続けることほど苦しいことはありませんよね。だから「頑張る恋愛」は続かないし、そんな恋愛の最中は、つらいことばかりなのです。

あなたの願いが「大好きな彼にずっと溺愛され続けること」であるのなら、耐え忍ぶ努力はまったく必要ありません。したくないことは無理をしてまでしなくてもいい。言いたいことを言っていい。

それを実行することは、「頑張り癖」のある女性にとっては少し怖いことかもしれません。頑張っても思うように愛されなかったのに、頑張る必要はないだなんて、きっと信じがたいですよね。

でも、大丈夫です。頑張らなくても、あなたは愛されます。

彼に「偽りの自分」を見せていませんか？

では、頑張らずに愛されるためには、まず何をすればいいでしょうか。

最初にして欲しいことは、〝本来の自分〟を彼に見せることです。

頑張っている女性は、端的に言うと「偽りの自分」を彼に見せることになってしまっています。我慢しているあなたは〝本来の自分〟ではありません。

もしあなたが「彼は忙しいから」と連絡するのを遠慮したり、「彼が嫌かもしれないから」と自分の要望を我慢したり、「彼のために」と本当は苦手だけれど頑張ってお料理をしたりしていたら……。

彼は、それが「あなた」だと思ってしまいます。

彼にとってのあなたは、連絡がマメじゃなく、とくにやりたいことも欲しいものもなく、お料理が大好きな女性なのです。

実は、あなたが連絡が欲しくて携帯を何度もチェックしていたり、いつも我慢していることを不満に思っていたり、いやいやお料理したりしていたなんて、彼はこれっぽっちも想像していないでしょう。


本心を隠して、彼氏が喜びそうな自分（偽りの自分）を見せ続けていると、何が起こると思いますか？

たとえ彼が褒めてくれたり、愛情を示してくれたりしたとしても、あなたは決して満足も安心もできず、どこかで不安を持ち続けます。なぜなら、彼が本当の自分を愛してくれていないことが、わかっているからです。

だって、自分で自分を偽っているのは、自分自身が一番よく知っているのだから。彼に何を言われても、「本当の私のことなんて愛してくれないよね……」と思ってしまうでしょう。

本当のあなたを彼に見せた上で愛されるからこそ、あなたは心から満足して安心できます。頑張って自分を偽っているときに愛されているように感じることがあっても、それは「条件付きの愛」です。あなたを心から満足させる愛情ではありません。

だからまずは〝本来の自分〟を彼に見せましょう。ありのままの自分が愛されるということは、「無条件の愛」に満たされるということ。それがすべての幸せの源です。


では、〝本来の自分〟とは、どんな存在でしょうか？

あなたが本心から彼に求めていることは？

彼に何をしてもらえれば、安心するでしょうか？


この答えが瞬時に出てくる人は、ほとんどいないと思います。

恋愛で悩んでいる方の話を聞くと、彼への不満がたくさん出てきます。でも私が、
「じゃあ、彼にどうして欲しいですか？」
と尋ねると、一瞬かたまって、こう答える方が多いのです。
「え……私、彼にどうして欲しいんだろう……？」

長い間、自分自身を押し込めていたので、本心が見えにくくなっているのかもしれません。中には、自分を偽ってものすごく頑張っているのに、そのことにすら気づいていない方もいます。

自分がどんなふうに頑張っているのか、どうして頑張っているのか。それに気づけば、本当に求めているものが見えやすくなるはずです。

ここで、私が出会った頑張りすぎている女性たちの行動パターンをご紹介しましょう。

頑張って「いい彼女」になるはずが「面倒な女」に

「面倒な女」だと思われないために頑張っている女性は多いようです。
「彼が大好きだから、いい彼女でいたいのです」と言う方がいました。その方は、寝不足で疲れていても、彼とデートするときはメイクに手を抜かないと言います。弱音や愚痴なんて彼には絶対に言えないし、話したいことがあっても、まずは彼の話を聞くのだそうです。
わがままを言ったり甘えたりすると、彼に面倒くさがられると思っているので、相手のペースに合わせることが多いようでした。
ただ、余裕のあるフリができるうちはいいけれど、余裕がなくなってくると、不満が湧いてくるとのこと。

「私はいっさい弱音を吐かないのに、彼はいつも仕事の愚痴ばかり……」

「楽しみにしていたデートも、悪びれたそぶりもなくドタキャンされた……」

「私が言えないでいるんだから、察してくれればいいのに……」


彼女は、不満が積もり積もっても、「面倒な女」と思われたくないから黙っています。

とはいえ余裕がないので、無言のまま不機嫌そうな表情になります。

そんなとき、彼女は彼にこう言われてしまいました。

「なんだよ、わけわかんないよ。面倒くさいなあ」

男性は、女性の〝無言の不機嫌アピール〟をとても嫌います。理由がわからないので、対処のしようがないのです。女性が何も言わずふてくされている状態こそが、一番「面倒くさい」ことなのです。

彼女は「わがままを言ったり甘えたりすること=面倒」だと認識していたのですが、彼にとっては「勝手に我慢して不機嫌になること=面倒」だったわけです。

この女性は、「いい彼女」でいたくて、愚痴を言う自分や男性を頼りたい自分を封印していました。
でも、弱い部分を完璧になくすことなんてできません。つらいときには感情的になるし、自分の気持ちを優先したいときだってある。
だからそういうときは、彼に頼って甘えていいのです。

余裕がなくてイライラする自分はダメだ、なんて思わないでください。まずは、不器用な自分を受け入れること。自分に厳しくしすぎると、人にも厳しくしてしまいます。不満が溜まって不機嫌な顔を彼に見せることになり、結局「面倒な女」になってしまうのです。

付き合う前も、付き合ったあとも、素直に彼に甘えて頼るのが一番なのですが、それが彼の「迷惑になる」と思っている女性は、実はたくさんいます。もちろん、大切な人に迷惑をかけたくないという気持ちを否定する必要はありません。

でも、本来、恋愛って〝迷惑をかけ合うもの〟ではないでしょうか？迷惑をかけても、かけられても、一緒にいたい。それが恋愛です。

だから、怖がって距離を置くのではなく、相手としっかり向き合ってください。それがベストパートナーへの第一歩になるのです。

他人目線の恋愛では幸せになれない

頑張り癖のある女性の特徴として「人の目を気にしすぎる」ということがあります。

まわりの人に自慢できる彼氏を持つことを目指してしまったり、友だちに「本当にその彼でいいの？」と言われて不安になったり。

恋愛は基本的に〝自己満足〟でいいのです。それは、あるべき形があるわけではないからです。でも、「他人によい評価をもらうこと」を基準にしていると、幸せな恋愛に行き着けません。

その理由は二つあります。

相手に求める条件がどんどん増えて、恋愛を始めにくくなってしまうから。

❖条件のよい彼氏ができても、「この人でよかったのかな」と常に思ってしまうから。

まず、条件が増えすぎると、恋愛は始められなくなります。

年齢や見た目、身長、仕事の内容、年収……など相手に求める条件はいろいろとあると思いますが、そこに「他人の目」が入ってくると、あれもこれも必要だと思ってしまうのです。結婚を意識する年齢だと、なおさらでしょう。

でも、すべての条件が「本当に本心から譲れない部分」なのでしょうか。

講座の生徒さんで、年収にこだわっていた方がいました。その方はご自身が高収入の仕事をしているのですが、それでもなお自分より年収が高い人がいいと言うのです。彼氏が欲しくて、積極的に出会いの場へ行くものの、好意を持ってくれる男性がいても、年収が低いという理由でお断りしているとのことでした。

その方に「パートナーとどんな関係をつくりたいですか?」と尋ねると、「一緒にいて安心できる関係」だと言います。

でも、そのために年収は関係あるでしょうか？

彼女の収入が低く、生活していくのが難しいのならまだしも、高給取りなわけです。自分より多少年収が低い彼と結婚したとしても、普通に生活できますし、彼女が望む安心感とは関係ない気がします。


さらに話を聞いてみると、どうやら彼女は自分と彼氏との「つり合い」が気になるようでした。けれど、つり合っているかの判断って、他人目線ですよね。

他人の目を気にした条件のせいで、恋愛が始められないなんて、本当にもったいないと思うのです。**まわりからの見られ方なんて気にせず、「本当に譲れないポイント」にフォーカスすると、恋愛をスタートさせやすくなります。**


本心からの「譲れないポイント」が見極められないまま、条件がよい彼と付き合うと、どうなるでしょうか？

社会的ステイタスのある、いわゆる〝ハイスペック〟な彼と付き合っている生徒さんがいました。彼との仲を進展させたくて講座に来たそうなのですが、だんだんと「本当に彼でいいのかな?」と思うようになったとのこと。

ほかの生徒さんが楽しそうな恋愛をしているのを聞いて、「自分はそんなこととしてもらえないな……。今の彼じゃなく、もっといい人がいるのかも」と思ったのです。

条件的には申し分ない彼のはずなのに、どうしてそんな気持ちになってしまうのでしょうか?


それは、他人が評価する条件は満たされているけれど、自分自身が本心から求めていることが満たされていないからです。

そのことに気づかないでいると、さらによい条件の男性が現れると心が揺らいだり、幸せなお付き合いをしている人を見てうらやましくなったりします。

常にまわりを気にして「そわそわ」している状態なわけです。そんな気持ちでいる限り、彼との関係が発展していくことはありません。


今、向き合っている彼の中に、あなたが本心から求めるものがあるとわかっていれば、ほかの人がどんな恋愛をしていようと、まわりから何を言われようと、不安になることはないはずです。

ある女性が婚活をして、40代の男性に出会ったそうです。彼女にとって彼は「素直になれる人」。お互いに意気投合して、結婚を前提にお付き合いすることになりました。

ところが、彼のことを友だちに話すと「何でそんなにいい人が40歳をすぎても独身だったの？　絶対になんかあるよ。実は妻子持ちなんじゃない？」と言われたのです。自信がない人は、こんなふうに言われるだけで不安になってしまいそうですよね。

私が彼女に「彼と一緒に幸せになろうとしているときに、あなたにとって必要のない言葉は耳に入れなくていいですよ」と伝えると、彼女はにっこり笑って、「はい、そうですよね！」と返してくれました。

自分の本心に確信を持てている女性は強い！　自分自身の本心を見極めることって、本当に大切なことだと思います。

知らないうちに男性を「敵視」している女性たち

「私は頑張って彼と向き合って、本当にして欲しいことを伝えているのに、彼は全然聞いてくれない！」という話をよく聞きます。

欲しい言葉をくれず、お願い事を実行してくれない彼を責める前に、ちょっと考えてみてください。

あなたの言葉は、本当に彼に伝わっていますか？

ただ口に出して「言った」だけで、「伝える」ことができていないのではないでしょうか？「言った」と「伝えた」は別物です。口に出すことが「言う」だとしたら、彼に内容を理解させて初めて「伝えた」ことになります。

たとえば「あんまり連絡してくれないね」「いつも私がお店の予約してない？」と

あなたが言ったあと、彼からのメールが増えることなく、お店の予約を自らしてくれないのなら、あなたの言葉が間接的すぎて、要望が伝わっていないということです。

私が夫のリョータさんに何かお願い事をして、彼がそれを実行してくれなかったら、私はただ「あ、伝わってないいな」と思います。

なぜなら、彼が私のお願いを無視することはないからです。なんの反応もなく実行もしていないなら、それはただ伝わっていないだけ。彼が意地悪をしているわけではありません。

もちろん、一回言っただけで理解してくれたらいいけれど、コミュニケーションって、そんなに簡単なものではありません。

とくに男性と女性は根本的に感覚が違います。**女性の感覚で100%伝えたつもりでも、男性に伝わっているのは20%くらいだったりするものです。**

だから私は、「リョータさんにどう言えば、ちゃんと伝わるかな?」と考えながら、伝え方を工夫して、いろいろなタイミングで何度でもトライします。

多くの女性は一回言って彼が実行してくれなかったら、彼が意図的に「やらないこと」を選択したと思ってしまっています。でも、実際はただ伝わっていないだけなのです。

でも、お願いを「伝えたつもり」の女性にとっては、聞いてもらえないと感じる経験が何度か続くと、「どうせ聞いてくれない」という決めつけが前提になってしまいます。

この決めつけがさらに状況を悪化させます。「どうせ言ったって……」と思っている女性は、相手に期待しなくなるので初めから力半分でしか伝えようとしません。それでは男性に伝わらないのは当然です。

頑張って伝えているつもりでも、結局お願い事は伝わらず、彼は実行しない。自分はいつも我慢している……という状況になってしまいます。

そうすると何が起こると思いますか?

大好きなはずの彼を「敵視」するようになるのです。それは、実は自己防衛のため。彼を〝悪者〟にすることで、自分を守っているのです。

「彼が私の要望を聞いてくれないのは、私の魅力が足りないからではなくて、彼の器量がないからだ」と彼のせいにしておけば、自分は傷つかなくてすみます。

また、彼を敵視することで最初から期待をしなくなる、あるいは疑ってかかるので、悲しい出来事が起こったとしてもすべて想定内にすることができます。


「ほらね、言っても聞いてくれないでしょ」

「ほらね、結局別れるでしょ」

「ほらね、やっぱり浮気するでしょ」

こうやって彼を敵にして責めていれば、自分の力不足から目をそらすことができます。そして、結論はいつも同じ。「この人は私の運命の人じゃなかったんだ……」と、別れを選んでしまうのです。


相手を悪者にする理屈は、自分にとって都合がよく、ラクな考え方です。けれど、一度この状況に陥ってしまうと、もう前に進むことはできません。幸せな恋愛からはもちろん、幸せな人生からも遠ざかってしまいます。

男性を責める言葉が出てしまうときは、一方的に相手を悪者にしていないかを考えてみてください。「どうせ聞いてくれない」と決めつけていませんか?

彼はあなたの敵ではありません。人生最大の味方になってくれるのが、あなたのパートナーなのです。ここで、あなたの想いの決めつけを見直しましょう!

「人は最初から優しい存在」と考えよう♥

私は、日々の気づきや感じたことをブログやSNSで発信していますが、読者の方から「ユウさんは、どうしてそんなに前向きに考えられるのですか?」とよく聞かれます。

それは、「人は優しい」「相手は私を助けてくれる存在」という信念で生きているからだと思います。

もちろん、私がすごく恵まれた環境で育ち、つらい経験をまったくしなかったから、そうなったというわけではありません。

私の両親はずっと共働きで、きょうだいが多かったということもあり、幼い頃は母親にかまってもらえる時間が少なく、寂しい思いをすることもありました。

思春期には、年子の姉や妹と比較されて嫌だったこともあるし、まわりの人からひどい言葉をぶつけられたこともあります。

それでも「相手が悪い」ということにはならないし、「私ってダメなんだ……」とも思いません。相手を否定する気持ちにも、自分を否定する気持ちにもなりませんでした。

どうしてそうなったのかというと、「人は優しい」ものとして生きると、とてもラクだからです。素直に愛情を受け取れるし、素直に自分を出せる。それに、そういう見方をしていると、嫌いな人がいなくなります。

あるとき、ブログの読者さんから「ユウさんは嫌いな人、いますか?」という質問が届きました。私はこのメッセージを目にしたとき、「嫌いな人……誰だろう?」と考えてみたのですが、全然思い浮かばなかったのです。

昔、私をこっぴどく叱った上司、私には身に覚えのない噂を流したあの人、ひどい別れ方をした昔の彼氏……。

いろいろな人の顔を思い浮かべてみたけれど、彼らのことを〝嫌い〟とは思いません。相手の行動に腹を立てたり、言われたことが悔しくて泣いたりしたことはあるけれど、その人が嫌いかと言われると、答えは「NO」です。

なぜなら、やっぱりみんないい人だから。どこかに素敵だなと思う部分があるからです。子どもやお年寄りに優しかったり、花を愛していたり、努力家だったり、誰かを心から大切にしていたり、人のために動けたり、お洒落だったり、よく笑ったり、ご飯を美味しそうに食べたり……。

些細なことまで挙げたらキリがないくらい、みんな素敵な部分をたくさん持っています。

その中で、私がたまたま相手の「怒っている顔」や「余裕のない姿」を目にしたことがあるだけ。それだけで相手を嫌いにはならないのです。

どんな人にもいろいろな面があります。厳しい顔、優しい顔、ストイックな部分、ちょっとズルいところ……すべての面が〝人〟をつくっています。

「人は優しいはず」と思っていると、相手のネガティブな一面だけを見て「この人はこういう人」と決めつけなくなる。一歩引いて、相手のいろいろな面に目を向けられるようになるのです。

だから、〝優しい人〟〝いい人〟〝素敵な人〟を探すのは全然大変じゃありません。反対に、極悪人を探すほうがよっぽど難しいと思うのです。

もしあなたが「彼氏は欲しいけど、全然いい人がいない……」と思っているのなら、相手に興味を持って、いろいろな面を見るようにしてみてください。そうすれば自然と、あなたのまわりにたくさんの〝いい人〟が現れはじめますよ！

「幸せになっちゃダメ」と思っていませんか？

ここまで、恋愛で頑張りがちな女性の考え方を見てきましたが、いかがでしょうか。あなたが男性と向き合うときに持っていた〝決めつけ〟が見えてきましたか？ **自分にはもう必要ないと思える決めつけは、これからどんどん手放していきましょう。**

一つだけ、現時点ですべての女性に手放しておいて欲しいことがあります。それは「私は幸せになれない」という決めつけです。「幸せになりたくて頑張ってきたのだから、そんな気持ちは私にはない」と思いましたか？　でも、無意識に心の奥底で抱えている方は多いのではないかと思うのです。

講座の生徒さんの中に、こんな方がいました。

恋愛の悩みを、まわりの人を笑わせるためのネタとして、とにかく面白おかしく話す方でした。幸せな恋愛をしたくて講座に来ているはずなのに、そのことには触れず、その場の盛り上げ役に徹しているのです。

出会いの機会を増やすために、パーティーに行っても「全然やりとりが続かないんだけど、どうせイマイチな人だったし、別にいいかな〜」と、どこか強がっている様子です。

話を聞くと、その方は学生の頃から「あんたに彼氏ができたら、笑えるよね〜」と言われてきたとのこと。だから「私はそういうキャラなんだ」と思い込んでいるようでした。「私は恋愛で幸せにはなれない」と無意識の中で決めつけていたのです。

私は彼女に言いました。

「まわりの女の子を笑わせるためのネタなんてつくらなくていいから、自分の幸せを求めましょう。今のままじゃ、苦しいでしょう?」

すると、彼女の目からポロポロと涙がこぼれて、とまらなくなりました。今まで自分が幸せになることを我慢していて、苦しかったことに初めて気づいたのです。

幸せになることを自分に禁止するなんて、本当につらいこと。それなのに、心の奥底で「幸せにならないこと」を望む女性がいるのはなぜでしょう？　**それは「恋愛がうまくいっていない」とまわりの人に伝えることで、人間関係がうまくいくように感じることがあるからです。**

こんな経験はありませんか？

- **女子会などで彼氏のノロケ話をすると場がしらけるけれど、失恋話や苦労話をすると盛り上がる。**
- **職場で「彼氏がいないんです〜」と言っていると、女性の上司や先輩に可愛がられるようになった。**
- **女友だちと彼氏や夫の悪口を言い合うことで、仲良くなったように感じる。**

このように、恋愛がうまくいっていない自分を見せることで、人間関係がスムーズになると感じたとしても、それは表面的で一時的なこと。そんなことは重視しなくていいのです。

私も高校時代、友だちに彼氏のノロケ話をして、変わり者扱いされたことがあります。それ以来、その友だちの前では彼の話を一切しなくなりましたが、それが原因で友だちとの仲が悪くなったということはありません。

まわりの女友だちを安心させるような自虐キャラをつくったり、あえて彼の悪口を言って会話を盛り上げなくたっていいのです。自分で「幸せにならない」ことを選んではいけません。

そういうことを求める友だちとは、縁を切る必要はないけれど、喜ばせる必要だってないのです。そしてぜひ、素直にノロケ合える友だちをつくってくださいね♥

誰にでもできる〝受け取り上手〟になれる方法

「私は幸せになれない」という決めつけは早々に手放しておかないと、大好きな彼と付き合ってからも、不安の原因になってしまいます。

幸せになれないはずだと思っているから、〝受け取り拒否〟をするのです。

「こんなに素敵な人が私のことを好きになるわけがない」と彼の好意を否定したり、「ここまで優しくしてくれるなんて、何か裏があるのでは……」と疑ったり、「今は幸せでも、いつかこの幸せはなくなってしまうんだ」と決めつけたり……。

あれほど望んでいたことが現実になっているのに、受け取ろうとしない。「幸せになれない」が心の奥底にあるから、たとえ幸せが手に入っても、いつか失うに違いないと思い込んでいるのです。失うときは必ずつらい思いをする。だから幸せになるのが怖い。

これほど、もったいないことはありません！　こんな状態になる前に、今すぐ思い込みを捨てて〝受け取り上手〟になりましょう。

彼氏がいてもいなくてもできる〝受け取り上手〟になるための方法があります。それは、褒められたときに必ず「ありがとう♥」と言うようにすること。小さな幸せを素直にしっかり受けとめる練習です。

受け取り下手な女性は、たとえば男性に「可愛いね」と褒められても、「どうせお世辞でしょ？」と思ってしまい、素直にお礼が言えません。でも、考えてみてください。**褒め言葉は相手からのプレゼントなのです。せっかくプレゼントを渡したのに喜んでもらえないなんて、相手からしたらすごく悲しいこと。**

「謙虚でいなきゃ」とか「傲慢だと思われないかな？」なんて心配せずに、笑顔でお礼を言いましょう。そうすると相手も嬉しいし、あなたも満たされます。

また、受け取り上手になると、よく褒められるようになります。それは相手に「褒めてよかったな」と思わせるのが上手になるから。「褒め言葉」というプレゼントをもらったら、「喜ぶ」というお返しをするようにしましょう。


素直に受け取るだけで、あなたはすごくラクに幸せになれます。素直に受け取らずに、偽りの自分を演じて、モヤモヤ悩んで、自信を失って、自信を取り戻すためにまた頑張って……こんなことを繰り返していては、ラクとは程遠いですよね。

あれこれ考えず、素直な自分でいることこそが、ありのままの自分で愛される恋愛につながっていくのです。

大丈夫、頑張らなくてもあなたは愛されます

頑張ったら頑張っただけ成果が出る勉強やスポーツと違って、頑張れば頑張るほど報われないのが恋愛です。

だって、頑張るって「自分じゃなくなる」ってことだから。そして頑張らなければ〝本来の自分〟に戻ることができるのだから。

何度も言うけれど、〝本来の自分〟を彼に見せることがスタート地点なのです。飾らず、偽らず、ありのままのあなたを素直に見せること。それが、頑張らずに溺愛されるための第一条件です。

素直に物事を受け取って、素直に感謝して、素直に相手を頼るあなたって、すごく

可愛いはずです。相手が無条件に溺愛したくなるほど、可愛いのです♥

あなたは、「本当の自分には自信がない」と思っていますか？　でも、完璧な自分になる必要はありません。なぜなら、人は相手の不完全な部分に恋をするものだから。男性は、手助けするところがまったくない女性に惹かれることはないのです。**足りないところを自分が補ってあげたいと思えたとき、男性にとって女性は大切な存在になります。**

つまり、「自分でダメだと思うところ」はあなたの〝恋愛の売りポイント〟になるということ。「ダメだ」と思うのではなくて、「私は彼に、ここを助けて欲しいんだな」と思うようにしてみてください。それこそが「あなたが本心から彼に求めていること」なのかもしれません。

第3章からは、わがままをして溺愛される恋愛の「実践編」です。勇気を出して素直に一歩を踏み出してくださいね！

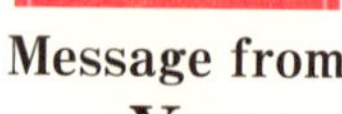

Message from
Yu

幸せな恋愛・結婚は自分のマインド次第

私はどんな女性でも、頑張ることなく愛されると信じているのですが、ある女性に出会ってから、その確信はますます強まりました。

その方は50代で離婚経験があり、お子さんがいらっしゃいました。子どものためにもパートナーが欲しくて、結婚相談所に登録したりしたそうなのですが、うまくいかず、最後に私の講座に来てくれたのです。

彼女は、年齢や離婚経験、子どもの存在を〝マイナス〟だと捉えていました。そんな考えだったので、出会いの場に行って男性と話しても、「なんだか相手に申し訳ない」と感じていたといいます。

とくに一番引け目を感じていたのが、子どもがいるということ。でも彼女は、本当にお子さんのことを大切に思っていました。

私は「引け目に感じるのではなくて、お子さんがいることを自慢したらどうですか?」と提案しました。伝え方によって、相手が感じる印象ってまったく変わります。申し訳なさそうに伝えるのではなく、「私には、すっごく可愛い自慢の娘がいるの!」という感じで〝本心〟を伝えてもらうようにしたのです。

すると、そんな彼女を魅力的だと思う男性が現れました! そして彼女はその30代の男性と再婚することになったのです。

私が彼女にしたアドバイスは、自分の〝伝え方〟についてだけです。外見に関することを――たとえば、若く見えるようにファッションやメイクを変えることをすすめたりはしていません。彼女は本来の自分のまま、ただ、少しだけ自分自身の捉え方を変えるだけで、生涯のパートナーと出会えたのでした。

あなたの魅力を左右するのは、外見でもなければ年齢でもありません。〝本来のあなた〟でいることが、あなたの魅力を発揮することになるのです。

第3章

素直に愛される
ためのレッスン♥

「今は恋愛しなくてもいい」は要注意！

「溺愛される恋愛はしたいけど、今は恋愛しなくても充実しているから、本当にしたくなったらすればいいや」――あなたは、そう思っていませんか？　本当に彼氏が欲しくなったら行動に移そうと。

でもそれは、実はちょっと危ない考え方です。なぜなら、恋愛から離れている期間が長いほど、自分を恋愛モードに持っていくのが難しくなるから。男性に対してわがままを言うなんて、さらにハードルが高くなってしまいます。

講座の生徒さんも、しばらく恋愛をお休みしていた方は、いざ彼氏をつくろうと思っても、「あれ、恋愛って、どうやってするんだっけ？」と戸惑っていたりします。

それに、「本当に彼氏が欲しくなるとき」って、どんなときでしょう？　きっと「自分に余裕がなくなったとき」なのではないでしょうか。
仕事で失敗して落ち込んでいるとき、まわりの友だちが結婚していって焦りはじめたとき、一人でいることが心細くなったとき……。

つまり心に余裕がなくなったときに、自分を理解して味方でいてくれるパートナーが欲しくなる。

でも、余裕がないときに急遽、恋愛モードをオンにして、彼氏を探しはじめるのって、すごく難しいはずです。

いざ出会いの場に行って男性と接してみても、「なんか違うな」と決めかねたり、好みの男性がいないからと意気消沈したり。最終的に、「私は誰からも愛されない」と自暴自棄になったり……。

恋愛って、始めるときにも維持するときにもパワーを必要とします。体力と気力の両方が必要。余裕がない状態で始めようとしても上手くいかないのは、そのためです。だから私は、恋愛をお休みする期間は不要だと思うのです。

「今は仕事が忙しいから」と言って恋愛を後回しにしている方がよくいますが、そんな言葉を聞いたとき、私はこう言っています。
「仕事が忙しくて恋愛どころじゃないってことは、これから素敵な彼氏ができても、仕事が忙しくなったら、別れちゃうってことですか？」

恋愛をお休みしたいと思う人は、恋愛にマイナスイメージがあるのかもしれません。あなたも「恋愛は自分の時間がなくなるし、相手のことを気にしないといけないから、疲れちゃう」と思っていませんか？

それは、恋愛は〝頑張るもの〟だと思っている証拠です。何度も言いますが、頑張らなくていいし、我慢もしなくていい。

自分一人の時間や仕事に打ち込む時間が大切なら、彼氏ができたときにそれを伝えて、理解してもらえばいいだけです。
マイナスイメージを持つということは、何かを我慢することが前提になっているということ。そこに気づいて、恋愛に対する「ブロック」を剥がしておきましょう！

恋愛は娯楽——そのプロセスも楽しもう

付き合うまでのプロセスで、心が折れている人もいるかもしれません。「彼は私と付き合う気があるのかな?」「早くはっきりさせて欲しい!」とやきもきして、振り回された経験がある人も多いでしょう。

付き合うかどうかがはっきりしない〝グレーの期間〟は、結果として付き合うことができれば報われるけれど、ダメなら無駄な時間と思っている人が多いようです。

もう過去の話ですが、実は、私は付き合うタイミングはなるべく遅らせたいと思ってきました(!)。付き合うのかどうかはっきりしない時間が好きだったのです。だって、グレーの期間ってすごく楽しいから。

グレーの期間は、先の見えない片想い期間。「彼は私のこと、どう思っているんだろう?」「これから二人は、どうなるんだろう?」と想像したり、彼からのメール一つで幸せな気持ちになれたりして、ワクワクできる貴重な時間です。

この初期の、なんともいえない緊張感を、できるだけ長く楽しみたいと思っていたのです。

「早く彼氏が欲しい!」と思っているときは、結果にこだわって焦ってしまうかもしれないけれど、まずは大前提として〝恋愛は楽しむもの♥〟ということを忘れないでください。

恋愛は〝娯楽〟です。ご褒美であり、時間の使い方の一つなのです。

中には仕事をするような感覚で恋愛をしてしまって、「時間をかけるのなら、結果を出さなければ!」と頑張っている女性もいますが、恋愛を義務にすると、途端に楽しむことを忘れてしまいます。

彼にメールをして返事が来ないとき、「なんでだろう? 私のことが嫌いになったのかな……」とモヤモヤするのではなく、待っている時間も楽しんでみてください。

私のおすすめは、自分を観察すること。一人の男性と向き合うことでいろいろな自分の一面が見えてくると思うのです。

「私、こんなことを気にするんだ」
「こんなにメールが待ち遠しいと思うんだ。話せるとこんなに嬉しいんだ」
という発見があったり
「好きな人ができることで、私ってこんなに強くなれるんだ！」
という気づきが生まれます。自分を知っていく作業って、楽しいものです。

自分のことがわかってくると、恋愛を相手まかせにするのではなく、「自分はこうしたい」という想いがクリアになってきます。これはラクな恋愛をするために、とても大切なこと。

たとえ彼と付き合うまでには至らなくても、それは恋愛を〝失敗した〟ということではありません。一つのデータとして、次の恋に生かせることです。

恋愛は結果を出すことにとらわれなくていい。焦りや不安が出てきたら、「恋愛は娯楽！」と自分に言い聞かせましょう。

結婚を目標にせず、したい理由を考えて

「結婚をしたいから、彼氏をつくりたい」という人もいると思います。もちろん、その考えはまったく問題ありません。

ただし、「自分はどうして結婚したいのか」を明確にせずに、結婚自体を〝目標〟にするのはおすすめできません。結婚は一つの選択です。選んでもいいし、選ばなくてもいい。

「自分はどう生きたいのか」がまず明確にあって、その上でパートナーが必要な場合には、「結婚」という選択肢もある。

大切なのは〝結婚した先〟が見えていることです。

結婚を目標にしてしまうと、その目標を達成したあとのことが考えられません。「結婚さえすれば幸せになれるはず」「彼の妻になれば何かが変わるはず」と思って結婚をすると、「こんなはずじゃなかった」となりかねないのです。

結婚とは入籍であり、婚姻届を提出することですが、本当に婚姻届一枚で彼との関係が変わるでしょうか？　あなたの人生が劇的に明るくなるでしょうか？

残念ながら婚姻届は「魔法の紙」ではありません。実際は、結婚するだけで何かが変わるということはないのです。

まさにそんな状態に陥っている生徒さんがいました。その方は自分から望んで結婚したものの、旦那さんからの愛情を感じられず、悩んでいました。

彼女は結婚をするために仕事を辞めて、知り合いのいない土地に引っ越したそうです。そこで幸せな結婚生活を送るはずだったのに、想像もしていなかった日々が待ち受けていました。日中は何もすることがなく、疲れて仕事から帰ってくる旦那さんとの会話もない。旦那さんは仕事の付き合いで、週末も出かけてしまいます。

彼女にとっては、「こんなはずじゃなかった」という悲劇です。

結婚するだけで幸せになれると思っていたのに、それが実現していないわけだから、とにかくショックですし、それをご主人にもぶつけてしまうため、状況はどんどん悪化していったようでした。

彼女は講座で自分の気持ちを話すたびに泣いてしまって、聞いている私も胸が痛くなるほどでした。

それでも、私はその生徒さんを「すごく素敵な女性だな」と思ったのです。だって、お金と時間を使って講座に来てまで、旦那さんと仲良くなりたいと思っているのだから。相手にも自分にも〝変わること〟を期待できている証拠です。

ご主人を非難することも、他の男性を視野に入れることもせずに「自分はこの人と幸せになる」という覚悟ができている。それは彼女が選択した「結婚」は間違っていなかったことの証明です。

ただ、結婚したあとに、結婚自体を目標にしていたことに気づくと、自分を見つめ直すのに相当な時間とエネルギーが必要になってしまいます。

私はまず、彼女に悲しいと思う出来事を一つひとつ捉え直してもらい、旦那さんを悪者にするのをやめて、自分が本当はどんな結婚生活を送りたいのか、そのために旦那さんにどんなことをしてもらいたいのかをじっくり考えてもらいました。

「どうなりたいのか」が見えてくれば、「こうして欲しい」と旦那さんにお願いすることもできます。

時間はかかりましたが、彼女は状況を少しずつ変えていくことができました。

結婚する前に「私は結婚してこうなりたい」「彼とはこんな関係を築きたい」というイメージが明確になっていれば、たとえそれがすぐに実現しなくても、軌道修正ができます。

実際、結婚するだけで二人の関係性がすぐに変わることはないと思うので、明確なイメージを持っていたとしても、すべてが最初から思いどおりになることは、ほとんどないでしょう。

でも、「こうありたい」という気持ちさえあれば、確実にそこに近づいていくことができるのです。結婚生活には、〝長い目で見る〟ことが必要です。

たとえば、夫婦になったらもっと話し合いができると思っていたのにできていないのなら、「私は気持ちをもっと伝え合いたいから、そのための時間をとって」と旦那さんに言えばいいだけです。

具体的なイメージを持たずに、なんとなく幸せになれると思っていると、幸せじゃない自分を見て「なんだか違う」と感じます。

そこで旦那さんに「なんか違うんだけど」と言っても、「え、何がどう違うの？」と混乱するだけで、具体的な解決には至らないでしょう。

結婚という形を目指す前に、自分は結婚に何を求めているのかを考えてみてください。これは「自分の幸せって、なんだろう？」という根本的な問いについて考えることでもあるので、すぐに答えは出ないかもしれません。

でも、焦らなくて大丈夫。まず彼と、そして自分自身と、じっくり向き合いながら見つければいいのです。

恋愛を始めたい人のための5つのステップ

「じゃあ、早速恋を始めよう！　……でもどうしたらいいの？」

というあなたのために、具体的なステップをお伝えしましょう。

出会いを求めて行動を起こす前に、まず考えて欲しいことを5つ挙げます。この5つがクリアになっていれば、彼氏ができるスピードがぐんと速まり、モヤモヤすることが減るでしょう。すでに彼氏がいるけれど、モヤモヤしているという方にも参考になると思います。

ステップ1 どうしても譲れないポイント――「アンチダグ」を3つ決める

彼氏が欲しいといっても、誰でもいいわけではないですよね。まず、どういう男性がいいかについて考えると思います。

ここで多くの人が、「まずは理想の彼氏像を描こう！」となりがちなのですが、それだと条件が増えすぎて、〝現実離れした彼氏像〟になってしまい、付き合うところまでなかなか進めなくなってしまいます。

理想の彼氏については、いったん脇に置いておいて、先に3つの「アンチタグ」を決めておきましょう。アンチタグとは「こういう人だけは絶対に嫌」というポイントのこと。

講座では最初に3つのアンチタグを決めてもらうのですが、生徒さんは「ギャンブルが好きな人」「タバコを吸う人」「女癖が悪い人」などを挙げることが多く、年収や外見を挙げた方はいませんでした。

つまり、年収や外見はよければ嬉しいけれど、必須ではないということ。むしろ「味方でいてくれる人」「向き合ってくれる人」かどうかが大切だと気づく方が多いようです。

3つのアンチタグを設定したら、「これらに当てはまらない男性は、全員恋愛対象として見る！」と決めてください。そうすると、恋愛対象となる範囲が圧倒的に広がります。

なかなか彼氏ができない人は、一見して理想的な男性（たくさんの条件を満たしている男性）だけを恋愛対象として見る傾向があります。

パッと見て理想的ではない人だと、異性として意識すらしない。だからいつも「いい人が全然いない」とぼやいています。出会いを求める時期は、彼氏像のハードルをグッと下げてみましょう。

具体的には、**アンチタグに当てはまらない男性なら、1％でも「付き合う可能性がある」とみなしてください**。

そして、付き合ったときのことをイメージしてみましょう。もちろん、プラスのイメージです。

おしゃれな人だったら「一緒に買い物へ行ったら楽しそう」と、デートしているときの様子を想像してみたり。

おしゃべりな人だったら、「面白い話をたくさんしてくれそうだな」と、自分を楽しませてくれる彼を想像してみたり。

反対に無口な人だったら、「私の話をしっかり聞いてくれそう」と、自分に向き合ってくれている姿を想像してみたり。


こうして**相手に対してプラスのイメージを持っていると、これまでの自分だったら異性として見ていなかった相手でも恋愛対象に入ってきます**。

「この人の彼女になる可能性が少しでもあるのだ」と意識するので、あなたは彼の前で自然と女性として振る舞うようになるでしょう。

すると、その後デートのお誘いを受ける確率も上がってくるのです。これは多くの生徒さんがすでに実証済みです。

ステップ②　男性と接するときの「マイルール」を決めておく

早く彼氏が欲しいという方には、アンチタグを設定したあと、積極的に出会いの場に行くことをおすすめしています。

ただ、しばらく恋愛をお休みしていた人や、男性に対して苦手意識がある人は、そもそも男性とどう接していいのかわからないという不安があるかもしれません。

そういう場合は、まず男性と話すときの「マイルール」を決めてみてください。

たとえばこんなことです。

とにかく笑顔でいる
相手の話をしっかり聞く
どんなことでもいいから、相手について3つの質問をする
相手のいいなと思うところを3つ褒める

このようなマイルールを、出会った男性に対して実行するのです。

マイルールを実行することにフォーカスすると、男性となんとなく過ごしてお別れ、

という展開にはならず、主体的に男性と接することができます。もちろん、相手の印象も変わってきます。

ぜひ、今日から実践してみてください。きっとあなたを「素敵だな」と感じる人が増えてくるはずです。

アンチタグに当てはまらない人は、どんどん恋愛対象として見ていき、意識的に恋の確率を上げていきましょう。

ステップ③ 今までにやったことのないことをやってみる

男性との出会いが増えると、あまり魅力を感じない男性からデートに誘われることもあるでしょう。今までのあなただったらきっと断っていたような相手からお誘いがあるかもしれません。

でもそのときこそ〝これまでの普通〟を脱するときです！　あなたは今まで、その〝普通〟に従って恋愛をすることで、終わりのない幸せな恋ができていましたか？

そうでないのなら、今までとは正反対のことをやってみる必要があります。

相手をよりよく〝知る〟ためにデートをしてみましょう。

私も今は夫となったリョータさんと出会った当初は、男性としての魅力は感じていなかったものの、「彼のことを知ってみよう」くらいの気持ちでお誘いを受けていました。

メールで少しやりとりをしたくらいでは、相手の中身を知ることはできません。相手に興味を持ってどんどん質問すること、直接目を見て対話をすることで、隠れていた相手の魅力が少しずつ見えてきます。

今までやったことのないことを実行していると、戸惑ってしまうこともあるでしょう。実際にそう感じたという講座の生徒さんが、こんなふうに言っていました。

「ユウさんから学んだことを実践していると、『なんだか自分じゃないみたい……』と感じちゃうけど、これってうまくいき始めている証拠なのかなって思いました」

今までの〝普通〟に反する行動は、最初はしっくりこなくて当然。でも、今までとは逆を選ぶことで、過去とは真逆の未来が手に入ります。


これまでは恋が始まらなかったのなら、恋をスタートできる。

今までは恋が終わってきたのなら、終わらない恋ができる。

あなたが求める未来を目指して「変わる勇気」を出してください。

ステップ④ 自分の「客観的な評価」を知っておく

デートをするときは、相手を知るとともに自分自身のよさを知ってもらうことも必要です。これは相手に嫌われないために「偽りの自分」を見せることではなく、ありのままのあなたの魅力を知ってもらうということです。

そのためには、自分自身の「客観的な評価」を知っておくことが大切です。**男女を問わず、好感を持たれる人は、自分のことをすごく客観的に見ることができています。**

「ここはよく褒められるから自分の長所だな。でも、こういうところで失敗することが多いから、気をつけなきゃ」と、バランスよく自分自身を把握しているのです。

たとえばあなたが、自分はおしゃべりが得意だと思っているとします。でも、あなたがしゃべりすぎることで、相手は話したいタイミングで話せなくなっているかもしれません。それに気づいていなければ、自分を客観視できていないということ。

そういう人は、異性から好感を持たれにくいのではないかなと思います。誤解されることも多いのではないでしょうか。

自分の客観的な評価を知る上で一番役に立つのは、まわりの人からのフィードバックです。ポジティブなものもネガティブなものも「私はこう見られてるんだな」と素直に受け取っていると、自分を客観的に見られるようになります。

とくに職場の上司や先輩からのフィードバックはとても参考になります。仕事の上で指導してくれる存在なので、「やる気があるのはいいけど、もう少し人の話をきちんと聞きなさい」などと率直に指導してくれるからです。もっと深く知りたいときは、突っ込んで質問することもできるでしょう。

うまくいくことや失敗しやすいことって、仕事でも恋愛でもポイントは同じだったりします。職場でのフィードバックは私生活に生かせることもあるのです。

他人からのフィードバックを大切にして「自分はこんなふうに見られることもあるんだな」「たしかにこうなりがちだな」と素直に受けとめるようにしましょう。

とはいえ、他人の評価にすべてをゆだねてしまって、どう見られているかということばかりを気にしてしまうのはＮＧです。

他人の評価は、あなたの一面であるだけで、あなたのすべてではありません。一つの客観的な〝自分情報〟としてストックしておくくらいの意識でいましょう。

自分の〝見られ方〟がよくわかってくると、自分の〝魅せ方〟をコントロールできるようになります。セルフプロデュースは恋愛においても必須のスキルです。

おしゃべり上手な人の例でいうと、話が上手な面を出しつつも、しゃべりすぎずに相手の話も聞けるようになることで、自分の魅力を一番いい形で発揮できるようになるのです。

ステップ5 自分が恋愛に求めるものを「感情レベル」で知っておく

恋愛対象範囲を広げていると、彼氏候補となる男性が複数現れる場合もあります。気になる人が複数いて、どの男性を選ぶべきか悩んでいる生徒さんもたくさんいます。間違いのない相手選びをするために大切になってくるのが、あなたが「恋愛で一番大切にしたい感情」です。

あなたは恋愛をしているとき、どんな気持ちになりたいと思っていますか？ ここでの感情は、それほど具体的じゃなくて大丈夫です。**恋をしている自分をイメージしながら、どんな感情を一番大切にしたいかを考えてみてください。**

彼と過ごしているときに、胸をドキドキさせて、ときめいていたいのか、ハラハラしたスリリングな恋を楽しみたいのか、それとも安心に包まれていたいのか……。

終わらない恋を求めている方の大半は、〝安心感〟を求めています。ドキドキやハラハラって、一時的なものなら楽しいけれど、日常的になってしまうと落ち着きません。それに〝不安〟と紙一重。一気に盛り上がったとしても、いきなり急降下したり、あっという間に終わったりします。

恋愛の状況は人それぞれですが、「不安になりたくない」というのは共通しているはずです。だったら、多くの女性が恋愛で本当に求めている感情は、やはり〝安心〟なのではないでしょうか。

そこが明確になれば、迷う時間は激減します。恋愛に〝安心〟を求めるのなら、どの男性を選ぶかで悩んだときは、一緒にいてより安心できるほうの人を選べばいいだけです。

相手の外見や収入、年齢などが気になって付き合う決断ができなかったり、決断しても他の男性に目移りするようなら、「恋愛する上で、私はどの感情を一番大切にしているんだっけ?」と、自分に問いかけてみてください。

迷ったらそこに戻ればいいのです。

彼氏ができたらまず身につけたい習慣

「念願の彼氏ができた！　嬉しいことも多いけれど、悩むことも増えたかも。恋愛って疲れる……」というあなたは、「恋愛は娯楽！」という言葉を思い出してください。

恋愛で悩んでいる人は多くいます。そこでここからは、恋愛を〝悩むもの〟ではなく〝楽しむもの〟にするために、まず押さえておきたいポイントをお伝えしましょう。

講座の生徒さんには、すでに彼氏がいる方もたくさんいます。皆さん、彼との関係に悩んでいるのですが、基本的に答えを外に求めています。

講座ではこんなことがよくあります。

「彼にこんなことを言われたんですけど、これってどういう意味でしょう？　私、嫌われちゃったのかな」

彼に言われたことを深読みして、不安になっている生徒さん。私には、彼がどういう意図でその言葉を言ったのかはわかりません。一生懸命考えても、私は彼ではないので、答えは見つかりません。

ここで言った言葉の真意を知っているのは、彼だけです。それなのに、彼ではないほかの誰かに答えを教えてもらおうとしているのです。

恋愛上級者の人に質問してみたり、恋愛に関する本や雑誌、ネットの記事を熟読して答えがないかを探したり……。

「疑問点やよくわからなかったことを彼自身に質問したら、嫌がられたり、重いと思われたりするんじゃないか」と心配している人が多いのですが、知りたい答えは彼しか知らないのだから、彼に聞くしか方法はありません。

素直に、「それってどういう意味なの?」「嫌だった?」「今どう思ってるの?」と聞けばいいのです。

これは質問しているのであって、責めているのではありません。責めているように聞こえるのが嫌なら、「責めているわけじゃないから、誤解しないでね」と付け加えることで、相手の受け取り方を変えられます。

また、あなたが普段、彼に対して察して欲しいと思っている場合は、「彼も、察して欲しいと思っているのかも……」と感じてしまうかもしれません。

でもそれは、あなたが勝手に決めつけているだけです。自分の感覚で判断するのはおすすめできません。やっぱり彼に聞かないと、本当の気持ちはわからないのです。

彼の気持ちを確実に教えてくれる〝先生〟は彼本人です。「ハイ！ 先生、質問！これって、どういうことですか？」という感覚で、シンプルに聞いてしまいましょう。

大切なのは、彼に質問するときには、なるべくタイムラグをつくらないこと。時間がたってから聞いても、本人はそのことを覚えていない可能性が高いからです。

過去に私も、「あのとき、こう言ったでしょ？」と彼に話したとき、「いつ？ そんなこと言ったっけ？」と言われて、モヤモヤが残ってしまった経験があります。

彼が何かで焦っているときや、余裕がないときに質問するのはNGですが、質問はなるべく先延ばしにせず、早目に確認するようにしましょう。

ある生徒さんは勇気を出して、「最近メールの返信が遅いから、ちょっと気になってるんだけど、何かあった？」と電話で彼に聞いてみたそうです。

すると、彼は嫌がることなく、彼女が安心できるような言葉できちんと状況を説明してくれたとのこと。彼女は涙が出るほど嬉しかったと報告してくれました。

あなたからボールを投げれば、彼はきちんと愛情を持って投げ返してくれます。**ぜひ、〝疑問が生じたら、すぐに彼に聞く〟を習慣にしてください。**

1％も彼に尽くさないで！

それとは逆に、習慣にして欲しくないのは「彼に尽くすこと」です。ここで言う「尽くす」とは、本心ではしたいと思っていないのに、彼に愛されるために、あるいは嫌われないためにする行為のことです。

あなたが彼のために何かをして〝自分〟が無条件に幸せな気分になることは、「尽くす」行為ではありません。それは、無理せず自然にできることだからです。

彼のためにお料理をしたり、彼の洋服を洗濯したりすることが、あなたにとって純粋な喜びとなるなら、それはもちろんいいことです。

けれど、本当は彼がして欲しいかどうかもわからないのに、彼の気持ちを一方的に汲み取って、「彼はきっとこれが嬉しいから」「これをすると彼はたぶん嫌がるから」と想像で決めつけて、何かをしたり、しなかったりするのはやめて欲しいのです。

具体的にいうと、こういうことです。

- **もっと頻繁にデートがしたいけど、彼は忙しいだろうから、自分からは誘わない。**
- **自分は掃除も洗濯も苦手なのに、一人暮らしの彼の部屋へ行くたびに家事をしてあげる。**
- **自分はデニムが好きだけど、彼は女らしい恰好が好きだろうから、無理してスカー**

トを履くようにする。

私の知り合いのある女性も、尽くしてしまうタイプの方でした。彼女は、それこそが愛情表現だと思っていたのです。尽くすことで彼が喜んだり褒めてくれたりすることがあるので、それが嬉しくて、ついつい尽くしているようでした。

でも、尽くすって、続かないのです。最初はよくても、だんだん不満が出てきます。

彼女は、こんなことを言うようになりました。

「なんだか、いつも私ばっかり彼に合わせている」

「彼も私のために、もっといろいろしてくれたっていいのに」

「本当に好きなら、してくれるはずだよね？」

けれど、そうやって不満を抱えながらも、彼女は頑張って尽くし続けるのです。

なぜでしょうか？　それは〝いつか我慢は報われる〟と信じているからなのです。

「彼は今、忙しいだけ。私がこんなに尽くしてるのだから、いつか優しくなるはず」

「余裕ができたら私が頑張ってきたことに気づいて、逆に尽くしてくれるはず」と思っていたようです。

でも、残念ながら我慢は報われないのです。それどころか、一生懸命尽くしてきたことすらも、彼には伝わることがありません。

なぜなら、我慢とは一種の〝逃げ〟だから。恋愛における我慢は、大人の振る舞いでもなければ、美徳でもありません。彼女は彼と向き合うのが怖くて、逃げていただけなのです。

思い切って要望を伝えるよりも、我慢しているほうがラクだと思っていました。現状から逃避しているのに、いつか報われる日が来るなんて、あり得ませんよね。

我慢して尽くしていると、結局はいつまでも尽くし続けることになります。だから彼女の不満は爆発して、彼を悪者にするようになり、喧嘩が増え、やがて疲れ果てて、自分から別れを切り出すことになってしまいました。

大好きな彼氏だからといって、彼を喜ばせることばかりにフォーカスしすぎると、結果的に自分の気持ちを置いてきぼりにしてしまいます。それでは楽しい恋愛にはなりません。

彼があなたに何かをお願いしてきたときに、彼のために行動を起こせばいいのです。それでも、彼のために自分から何かをしたいという人は、行動を起こす前に、彼とコミュニケーションをとってみてください。

「私がこれをすると嬉しい？」「これをしたら、私のこと褒めてくれる？」と確認してから行動を起こせば、彼が求めないことをやらなくてすみます。

彼も、あなたが愛情表現としての行動と気づくでしょう。感謝の気持ちを意識的に伝えてくれるかもしれません。

また、大切なのは「自分がやりたくないことはしない」ということです。やっていて楽しくないことや、不得意なこと、頑張らないとできないことはしないと決めましょう。

「やって疲れることはしない」とも言えます。疲れることって、最終的にはやはり終わりが来ます。恋愛で言えば、別れを選ぶ原因になるのです。

「疲れることは避ける」。これは、彼とずっと一緒にいるためのルールです。

嫌われない努力よりも、嫌わない努力を

あなたは、彼とずっと一緒にい続けるためには「彼に嫌われないこと」が重要だと思っているかもしれませんね。でも本当は違うのです。一番大切なのは、「彼を嫌いにならないこと」なのです。

やみくもに尽くしたり、不得意なことを頑張ってやり続けて疲れてしまうと、いつか彼のことを恨み、嫌いになってしまいます。これは、最初のうちは想像もつかないことかもしれませんが……。

そこで、「彼を嫌いにならない」ためには、どうすればいいのでしょう? それは〝疲れない恋愛〟をすることです。疲れなければ、エネルギーを維持できるので、彼と価値観が違ってもすり合わせていけるし、トラブルが起きても修復できます。いろいろなことを乗り越えて、ずっと彼と一緒にいられるのです。

では、その「疲れない恋愛をする」ためには、何が必要なのでしょう? それは、〝我慢しない〟ことです。無理をしないこと、頑張らないこと、ありのままの素直なあなたでいることです。

それが〝素直にわがままを言う〟ということ。

具体的に言うと、尽くすことや、相手が喜ぶであろう行為を先回りしてすることは一切やめて、自分が本当にしてほしいことを、相手に伝えるのです。すごくシンプルなことです。

尽くしがちだった女性は、「でも、それだと嫌われるんじゃないの?」と心配になるかもしれませんが、これを実行することによって、あなたは嫌われるどころか溺愛されるようになります。

まず、尽くすのをやめると、あなたは頑張ったり我慢したりすることがなくなります。「なんで私ばっかり?」と不満になることがないので、それが原因でストレスが溜まったり、彼との関係が険悪になったりすることがなくなります。

次に、本当にして欲しいことを彼に伝えると、どうなるでしょうか？　これは素直に甘えるということ。甘えるということは、相手を頼りにすることです。

頼られるのを嫌う男性は、いません。本人がそう自覚しているかどうかに関係なく、男性の潜在的な欲求です。

そして、して欲しいことをやってもらえたら、「ありがとう！」を忘れてはいけません。聞いてくれたことがすごく嬉しいのだと、きちんと伝えましょう。すると彼は「自分の発した言葉や行動で、この人はこんなにも喜ぶんだ！」と知るのです。

自分の言動によって彼女が幸せな気持ちになったという事実は、彼にとって大きな喜びになります。それは男性にとってまぎれもない成功体験となり、彼に自信をプレゼントしていることになるのです。そして彼は、あなたをもっと幸せな気持ちにしたいと思うようになるでしょう。

あなたはこれまで、こんなことを思ったことがあるかもしれません。

「なんで、私はわがままも言わずに尽くしてるのに、彼は愛してくれないの？」

「なんで、あの子はわがままばっかり言ってるのに、彼に愛されてるの？」

それは、その子がただ素直に生きていたからです。我慢をせず、嫌われるのを怖がらず、自分がされて嬉しいことを相手に伝えて、たくさん喜んでいたのでしょう。その結果、彼をたくさん喜ばせていたということです。

ならば、あなたも同じことをすればいいだけ。それが彼にたくさん愛されるための一番の近道なのです。

「私の取扱説明書」をつくろう♥

彼には、「して欲しいこと」だけでなく「して欲しくないこと」も伝えてください。そこがしっかり伝われば、あなたはもう恋愛で悩むことはなくなります。
そのために最初に必要となるのは、「自分で自分を理解する」ことです。前章でも

触れましたが、自分が本心から彼に求めていることを、自分がきちんと理解しましょう。あなたが自分の本心をわかっていないと、彼に伝えることはできません。

以前、私が主宰したセミナーで、「彼は私を喜ばせようとしてくれないんです」と言っていた方がいました。私は「それって、彼が意地悪してるのではなくて、あなたの喜ばせ方を彼が知らないだけだと思いますよ」と伝えました。

あなたの喜ばせ方を彼に教えてあげられるのは、あなただけです。彼に何をされたら嬉しくて安心できるのか、反対に何をされたら不安になったり悲しくなったりするのかを、具体的に考えてみてください。

これは「私の取扱説明書」をつくるようなものです。講座でもこの取扱説明書をつくってもらうことがあります。生徒さんの例を挙げてみましょう。

彼にしてもらって嬉しいこと

具体的に褒められること／愛情を伝えてもらうこと／連絡をマメにくれること／可愛いと言われること……

彼にされたら嫌なこと

メールや問いかけを無視されること／話している内容や考えを否定されること……

いくつか出てきたら、今度はその理由を考えてください。なぜ嬉しいのか、なぜ嫌なのかは、よく考えないと言葉にしづらいかもしれません。普段考えないことなので最初は難しいと思います。でも理由を言葉で表現できるようになると、彼に伝わりやすくなるのです（次章で、自分の気持ちを言葉にするためのワークを紹介します）。

男性は女性と違って理屈で動くので、女性が、ただ「やって！」とお願いするよりも、「私は○○と思うから、これが嬉しいの。だからやって欲しい♥」と伝えるほうが、納得しやすいのです。

「わざわざ自分の取扱説明書をつくって、彼に自分の扱い方をいちいち伝えるなんて、大変だなぁ」と思うかもしれませんね。

でも、相手とずっと一緒にいたいなら、相手と向き合って〝あなたの気持ち〟を伝える努力をしなければ何も始まりません。

向き合うときには、労力が必要になります。とくに最初は大変だと思うかもしれませんが、それをやらずして男女がわかり合えることはありません。

でも、安心してください。自分の気持ちを伝え続けていると、その努力は絶対に報われます。徐々に、でも確実に、彼はあなたの扱いが上手になっていくのです。

自分の扱いが上手なパートナーがいるなんて、これほどラクなことはありません。

それによってあなたは幸せになれるし、彼はそんなあなたといることに幸せを感じるようになるのです。

もう「ほかの人だったら、もっと幸せになれるかな」なんて思うことはないでしょう。「ここまで私の扱いが上手な彼を手放すなんて、もったいない！」と思うようになるはずです。

こうして彼と向き合うことで、だんだんとベストパートナーになっていくのです。

Column 3

Message from Yu

「付き合う」のハードルを下げよう！

私の講座を受講する女性には、〝恋愛市場〟からしばらく離れていた方が多いようです。そろそろ彼氏が欲しい……ということで恋愛のコツを学びに来られるのですが、そんな生徒さんには、第3章でお伝えした「アンチタグ」や「マイルール」を設定してもらって、出会いの場に積極的に足を運んでもらいます。

男女がお互いに出会いを求める場に行き、アンチタグに当てはまらないすべての人を恋愛対象にして、マイルールを実践していると、彼氏をつくることはそんなに難しいことではありません。皆さん、結構簡単に彼氏ができています。

それでも、男性から好意を持ってもらっているのに、なかなか付き合うまでにはいかないという方もいます。そういう方は〝付き合う〟までのハードルがすごく高くなってしまっているようです。

あなたは、100%相手を好きになっていないと、付き合えないと思いますか？
そんなことはありません。60%から始めたっていいのです。

男性とお付き合いするのは、二度と引き返せない「決断」ではなくて、やり直しがきく「選択」の一つです。それくらいの気持ちで付き合ってみてください。パートナーとの関係は育てていけるものです。でも、付き合わないことには育てることすらできません。もし、どうしても関係を育てられないとわかったら、お別れするという選択もあります。それも、次に生かせる経験です。

そんなふうに生徒さんに言うと、好意を寄せてくれた男性と付き合い始める方が増えていくのですが、そこから彼に〝自分の喜ばせ方〟をたくさん伝えていくうちに、相手と別れる理由がなくなり、結果として結婚に至る方も多いのです。「とりあえず、この人と付き合ってみよう」という軽い気持ちでスタートさせたその先に、一生続く幸せが待っているわけです。早目にスタートを切って、走りながら調整していくのが、最短で幸せをつかむコツです。

第4章

わがままするほど溺愛される♥

大人になって付け足した遠慮を捨てよう

時々、「私の性格では、わがままなんて言えない気がします」という方がいます。繰り返しになりますが、あなたに言って欲しい〝わがまま〟とは、「相手を信頼してあなたの本心からの望みを伝える」ということです。

「そんなことできるかな……」なんて心配は不要です。わがままは誰でも言えます。だって、子どもの頃はみんな素直にわがままを言っていたのだから。

やりたくないことは「嫌だ」と言っていたはずだし、褒めて欲しいときはわかりやすくアピールしていたはずです。妹や弟が生まれたあとは我慢ばかりしていたという方も、それまでは素直にわがままを言っていたのではないでしょうか。

「私はわがままを言えない」と思うのは、大人になるにつれて「謙虚であるべきだ」「要求ばかりしていてはいけない」という世の中の風潮が、体に染みついていって、わがままなになることを禁止してしまっているためです。

遠慮や我慢を捨ててしまえば、誰だって本来のわがままな自分に戻れます。だから、自分に「わがままになっていいよ」と、許可を出してあげてください。

もちろん、子どものときのように「ヤダ！」「褒めて！」とだけ言うのではありません。相手が頷くような言葉で、自分の気持ちをしっかり伝えましょう。

「感情メモ」で自分の気持ちに敏感になろう

前章で「私の取扱説明書」をつくるときに、彼に何をしてもらったら嬉しいか、何をされたら嫌かが、見えてきたのではないかと思います。

それを彼に伝えるときに、理由もきちんと言葉として表すとお伝えしました。「なぜそれが嬉しいのか」「なぜそれが嫌なのか」ということです。

これを言語化するには、自分の感情を分析することが必要になってきます。しかし、そうはいっても遠慮癖や頑張り癖のある人は、最初は悩むかもしれません。普段、それだけ自分の感情が見えなくなっている証拠です。

そんな人のために、とっておきの方法をご紹介しますね。「感情メモ」という、自分の気持ちを文字におこし、視覚化して整理していくワークです。

「感情メモ」のワーク

①まず、一日の終わりに、その日に起こったことを思い出し、いいことも悪いことも、心が動いた出来事を箇条書きにする（最初は一つでもＯＫ）。

【何に心が動いたか】

例）満員電車で人に強く押されてイラっとした／お客様が自分の目を見て「ありがとう」と言ってくれて嬉しかった／終業30分前に上司から残業を命じられて嫌な気持ちになった

②次に、箇条書きにした出来事の下に、なぜそういう気持ちになったのかを、その時点でわかるところまで書く。

【なぜそう感じたのか】

例）押されて転びそうになったのに謝ってもらえなかったから／自分がやったことで相手が喜んでくれたと思えて嬉しかったから／上司が「急な残業で悪いね」とも言わず、当然のように指示してきたから

③さらに、そう感じた理由の下に、どのような状況であれば自分の本心が満足するかを、その時点でわかるところまで書く。

【どうすればよかったか】

例）電車で突然押されても、謝ったり気づかったりしてもらえれば、それほどイライラしない／仕事は好きじゃないと思っていたけど、自分が誰かの役に立っているという実感が持てたり、まわりから評価されたりすれば嬉しいとわかった／上司からねぎらいや感謝の言葉があれば、急な残業指示でもあまり腹が立たない

ノートや手帳に書いてもいいし、スマートフォンのメモ機能などを使ってもいいでしょう。ノートなどを使う場合は、色違いのボールペンで①を黒、②を青、③を赤にするなど、色分けすると見やすくなります。

このワークは4カ月の継続講座で行っているもので、講座期間中、生徒さんには毎日欠かさず感情を分析して、メモしてもらいます。

講座では毎回、生徒さんに自分のことを発表してもらうのですが、**「感情メモ」のワークを続けると、本心を言葉で表現する力がはっきりとついてきます。**「こんなこ

とがあって、私はこう感じて、その理由はこうだから、本当はこうしたいんです」とわかりやすく言えるようになります。

講座が終わる頃には、メモしなくても考えるだけで本心を言語化できるようになります。これが瞬時にできるようになると、彼への要望をその場ですぐに理由付きで伝えられます。

伝えたい自分の本心がクリアになるので、自信を持って自分の意見を言えるようになるのです。

自分と上手に付き合うために必要なこと

時々、生徒さんの中に「嫌な出来事がまったく思い浮かばない」という方がいます。

でもそれって、日常の中で嫌な出来事が何一つないということではないと思うのです。

嫌な出来事が思い浮かばないのは、自分のネガティブな感情を表現することに抵抗を感じているためです。

「これくらいは我慢すべきだ」「こんなことで怒るほど、私は器が小さくない」と思ってはいませんか？

そういう方には、私はこのように伝えています。

「本心に反してまできれいごとを言っていると、あなたの本当の気持ちがわからなくなってしまいますよ」

心に湧いてくる感情にまで、善悪の評価をしなくていいのです。「これを嫌なこととして書くなんて、私、性格悪くないかな……」などと心にブレーキをかける必要はありません。

今ある感情を知ることは、自分と上手に付き合っていくために必要なこと。素直に感じたことを文字にしながら、自分の感情に敏感になってください。

ある生徒さんは、感情メモを続けるうちに、気が引けることも書けるようになり、「私、今までこんなにたくさんの嫌だと思う出来事を『なかったこと』にしちゃってたんですね……」と驚いていました。

また別の生徒さんは、講座に参加したときに転職直後だったのですが、自分の感情をメモしているうちに、新しい職場で自信をなくしかけている自分に気づいたそうです。それを文字にすることで自分の感情を整理できるようになると、まわりの人から「最近、なんだか毎日楽しそうだね!」と言われるようになったとのこと。

それ以降、この生徒さんは恋愛にも積極的になり、出会いを求めて行動するようになりました。

「感情メモ」は、あなたの心を知り、安定させ、魅力をアップさせる〝魔法のワーク〟なのです。

自分の本心がわかれば、わがままが言える

ほかにも、感情メモの効果はいろいろあります。これは感情メモを実践している生徒さんが、思い切って彼に自分の要望を伝えたときのエピソードです。

彼女は彼氏から朝、「おはよう」のメールが欲しいと思っていました。そこで、「○○くんが朝、おはようっていうメールをくれたら、私は一日中、元気な笑顔でいられるから、よろしくね♥」と伝えたそうです。

けれど、彼の返事は「できるときはね」でした。彼女は、ガーン……とショックを受けます。

「愛情が感じられなくて、落ち込んじゃいました……」

彼女はそう言いますが、私はこの話を聞いたとき、彼の言葉をひどいとは感じませんでした。彼は「朝は忙しいから、君にメールなんてできないよ」と頭ごなしに言ったわけではありません。できるかどうかわからないのに、「絶対毎日メールするよ」と安易に約束して、それを破ったわけでもありません。

「できるときはするよ」という言葉は、私から見るととても誠実です。


私は自分の印象を彼女に伝えて、こう質問しました。

「できるかどうかわからないのに、できるよって即答して欲しかったわけではないですよね？　あなたはどうして落ち込んじゃったの？」

彼女は「感情メモ」で自分の感情分析ができるようになっているので、すぐに答えが出てきます。

「そうか、よく考えたら私は『おはよう』の言葉が欲しいというよりも、私のお願いを聞いてもらうことで、彼の愛情を確かめて安心したくて、それが満たされなかったから落ち込んじゃったのかも……」

私はさらに問いかけます。

「じゃあ、彼からどんなふうに言われたら満足できた？」

「そうですね……。私のお願いに対して、『わかったよ。できないときがあるかもしれないけど、できるときはするね』って言ってもらったら安心できます」

彼女は自分の本心、〝本当にして欲しいこと〟を導き出せたのです。それができれば、あとは素直にそのままを彼に伝えればいいだけです。

彼に〝素直なわがまま〟を言ってみたら、期待していたリアクションと違うこともあるでしょう。でもそれは想定内のはず。

相手は自分ではないのですから、思いもよらないリアクションをしてくることだってあります。ショックなこともあるかもしれないけれど、それは彼が意地悪をしているのではなくて、あなたの想いが〝伝わっていない〟だけなんです。

彼に対しては〝伝わるまで伝える〟。これがあなたのやるべきことなのです。

何回か言っても伝わらなかったからといって、彼に不満の言葉を感情的にぶつけるのはＮＧ。感情的になりすぎる女性は愛されません。

愛される女性なら、決して言ってはいけない言葉を、「さしすせそ」で覚えておきましょう。


さ……「察してよ！」

し……「（もう）知らない！」

す……「好きにすれば？」

せ……「全然わかってくれない！」

そ……「そんなこともできないの？」


これらの言葉を彼にぶつけるのではなくて、「私はこういう理由で、こういう言葉が欲しかったの。だから次はこう言ってくれると、私はとっても安心するからね」と彼に教えてあげましょう。

そして、彼が受け入れてくれたら、思いっきり喜んで、「ありがとう」をたくさん言ってあげてくださいね。

愛情は出し惜しみせず、しっかり表現して

わがままを聞いてくれたときだけでなく、普段から嬉しいことがあったら、できる限りその気持ちを表現しましょう。

喜びは、大切な愛情表現の一つ。男性はあなたが表現したことを、そのまま解釈します。控えめな表現よりも、ストレートな表現のほうが、男性は理解しやすいのです。

喜びをしっかり表現することの大切さを実感した出来事があります。男友だちが彼女の誕生日にネックレスを送りたいというので、私がお手伝いしたときの話です。

彼女の好みやファッションを聞いて、いろいろアドバイスすると、彼は「これだ！」というものを購入。私まで、彼女がどんな反応をするかとドキドキしていました。

しかし、彼女にプレゼントしたはずの日、友だちはがっかりした様子で私に連絡してきました。彼女はネックレスの箱を開けて「ありがとう」とは言ったものの、そのまま箱をしまってしまったというのです。

私は、アクセサリーをもらったら、必ず「ありがとう！　つけてみていい？」と言って、嬉しい気持ちをありったけ表現するのが当たり前だと思っていたので、その反応は驚きでした。

彼も、彼女がそう言ってくれると思っていたようで、「なんだか、あんまり喜んでなかった……。あげなきゃよかったな。もう、これからはあげなくていいや」と言っていました。

彼女からしたら、言葉でお礼を言えば感謝の表現としては十分だと思っていたのかもしれませんが、彼は「喜んでいない」と受けとめたわけです。そして、喜びが十分に伝わらず、「もう、してあげたくない」になってしまったのです。

感情表現の仕方は人それぞれですが、喜びに関しては「少しやりすぎかな？」と思うくらいの表現が適当です。

私はリョータさんがプレゼントしてくれたときは、ものすごく喜びます。きちんとお礼を言うのはもちろん、しばらくしてからも「ねぇ、さっきどれくらい嬉しかったか、わかる？」と何度も喜びを伝えます。挙句の果てには「嬉しすぎて、踊りたくなった〜♪」と部屋で踊りだしたりします（笑）。

先日も、ずっと欲しかったバッグをリョータさんがプレゼントしてくれました。そのときも私は、お店で喜びを全開にしていました。

そんな私を見た店員さんは、「外国人みたいな奥様ですね！」と驚いた様子。その店員さんにとっては、明らかに〝普通じゃない〟感情表現だったのでしょう。でもリョータさんは店員さんに、「こんなに喜んでくれるから、また買いに来ますね」とニコニコしていました。

喜びを伝えるということは、愛情を伝えることです。あなたの愛情が彼に伝われば、彼は「また喜ばせたい」と思うのです。

もう一つの大切な愛情表現は、〝彼を褒める〟ことです。彼を素敵だと思ったら、それを言葉にして詳しく伝えてください。

大好きな彼なのだから、素敵だなと思うことは多いはず。「こんなに褒めたら彼が図に乗っちゃうかな」「なんか下手に出るみたいで嫌だな」なんて思わずに、本当に素敵だと思うことを、きちんと言葉にしましょう。

私も、リョータさんの素敵だと感じるところは、いつも全力で褒めています。最近、二人で食事をしに行ったときに、こんなことがありました。

食事が終わって、お店のおばあちゃんがお会計をしてくれたとき、そのおばあちゃんを見たリョータさんは、「すごく素敵なピアスをされてますね！」と言ったのです。おばあちゃんはとっても嬉しそうに、「あら、これね。パリに行ったときに買ったのよ！」と話してくれました。

おばあちゃんがあまりに嬉しそうなので、私もすごく嬉しくなって、帰り道にリョータさんにその気持ちを伝えました。

「おばあちゃん、すごく嬉しそうだったね！　リョータさんが何気なく言った一言で、おばあちゃんは今日一日、ずっと幸せだと思うよ〜。あんなふうに出会った人をすぐ褒められるなんて、リョータさんって本当に素敵だね！」

私の言葉を聞いたリョータさんは、照れながらも嬉しそうな様子で、ちょっと目がウルウルしていました。

あなたが彼に愛情を伝えるほど、彼はあなたを「もっと喜ばせたい、もっと大切にしたい」と思うようになります。

愛情表現は難しいことではありません。嬉しいときや彼を素敵だと思ったときの感情を、素直に言葉にすればいいだけのこと。それだけで、彼はあなたのわがままを受けとめる準備をしはじめるのです。

気持ちを伝えるときに付け加えたいこと

愛情表現を大切にしている私でも、ついついリョータさんに対して感情的になってしまうときがあります。

そういうときは、すぐに謝ります（この話をすると「ユウさんでも謝るんですか？」と驚かれるのですが……もちろん謝りますよ！）。

言いすぎたと思ったら、すぐリョータさんに謝りに行って、自分の気持ちをしっかり伝えるようにしています。

「さっきは感情的になってしまってごめんね。リョータさんの優しさに甘えすぎてたね。リョータさんと一緒に過ごすことで私は成長していきたいのに、このままだとただの嫌な女になっちゃうね。ごめんなさい」

と、**お詫びに加えて自分は〝本当はこうありたい〟ということも話します**。

また、謝るときは、心の内でモヤモヤしていたことを全部、彼に伝えることも大切です。

たとえば、彼氏と喧嘩してこんなことを言っていた方がいました。

「可愛くないこと言っちゃったなぁ。すごく後悔してる。大好きなのに、なんであんなこと言っちゃったんだろう。本当は優しくして欲しいだけなのに、強がっちゃった。あーどうしよう」

私は思わず、「この様子をこのまま動画に撮って、この子の彼氏に見せたい！」と思いました。それくらい、強がったことを後悔する姿が可愛く見えたのです。

ただ謝るよりも、「あのとき、本当はこんなふうに思ってたんだよ。だけどこう思って、できなかったの……ごめんね」と言うほうが、きっとあなたの本当の想いが伝わるはずです。

あなたが持っている素直さ、優しさ、思いやりの心が彼に伝わるのです。

これは謝るときに限りません。あなたが彼に何かを伝えようとするときは、その背景や過程もしっかり言葉にしましょう。

男性に何かを伝えるときは、まわりくどい言い方をせず、なるべくストレートに言うべきだと思っている人が多いようですが、果たしてそうでしょうか？

たしかに、なかなか結論に行き着かない女性の話を嫌がる男性もいます。でも、あなたの気持ちを伝えるときに言葉を省略してしまうと、相手に伝わりにくくなりますよね。とくに相手を思いやる気持ちなどは、丁寧に言葉にして、漏らさずに伝えることが必要です。

自分の葛藤を正直に話すあなたの姿は、きっと彼の心を動かすでしょう。

自分を「開示」することで得られるもの

私は、恋愛で悩んでいる女性たちに向けて、「常に、彼に〝情報開示〟してくださ

いね！」と伝えています。

「彼に嫌われたくない」「負担をかけたくない」「弱みを見せたくない」と思わずに、自分のことはなんでも彼に伝える。

これは、一番大切な〝わがまま〟です。遠慮はまったくいりません。「こんなこと言ったって、彼はきっと理解できないだろうし……」なんて思う必要もありません。**まずは自分自身のことをしっかり伝えることが、〝相手と向き合う〟ということなのですから。**

講座の生徒さんで、こんな話をしてくれた方がいました。

「自分の気持ちを彼に率直に伝えるようになってからは、彼がマメにメールをくれるようになったし、すごく優しくしてくれるようになりました。でも、こんなに幸せでいいのかなって思うときがあります。もしこれが〝罠〟だったらどうしようって、不安になっちゃうんです……」

すでに感情メモが習慣になっている彼女は、どうして自分は罠だなんて思ってしまうのかを考えてみたそうです。すると、思い出したことがありました。彼女のお父さんは、彼女が幼い頃によく、「小さな嘘」をついていたそうなのです。

たとえばお父さんに「ぬいぐるみを買ってあげるから一緒に買い物に行こう」と言われてついて行ったのに、結局は買ってもらえなかった。こういう経験が何度かあったことから、男性を信じることに不安があるのかもしれないと思ったのだそうです。

それを聞いて私は彼女に伝えました。

「じゃあ彼に、お父さんの小さな嘘の話をするのがいいですね。『優しくしてもらって幸せなのに、大丈夫かなぁって不安になるんだけど、もしかしたら昔こういうことがあったからかなって思うの』という感じで」

この場合、お父さんの嘘が不安の本当の原因かどうかは、あまり重要ではありません。あとで原因は別にあったとわかっても、それはそれでOK。

大切なのは、彼女の気持ちや考えたことを、彼にそのまま伝えるということです。

彼は「優しくされても不安になる」という彼女の気持ちを完全に理解することはで

きないでしょう。

それは当然です、彼は彼女ではないのだから。

でも、彼は彼女のお父さんの話を聞くことで、「彼女に嘘をつかない」「言ったことはしっかり実行に移す」などの方法で、彼女を安心させることができるのです。

相手を信頼してどんどん自分の情報を開示していくと、誤解されることがなくなり、お互いを結びつける絆が強まっていきます。

「伝える」や「聞いてもらう」は一番遠慮をしてはいけない部分です。何度も言いますが、一番大切な〝わがまま〟なのです。

そして自分の情報を伝えるだけではなく、積極的に相手の情報を引き出すこともしてみてください。「どういう気持ちなの？」「どんなこと考えているの？」と彼に質問するのです。

わがままとは、相手への「あなたを信頼していますよ」というメッセージ。質問は、「あなたに興味がありますよ」というメッセージです。

男性には、自分の気持ちを話すことに慣れてない人もいるので、彼の負担にならないように配慮をしつつ、あなたが彼について知りたいことをたくさん聞いてみましょう。とくに彼が大切にしているもの、たとえば仕事や家族、趣味などについて聞くのがベストです。

聞けば聞くほど、「あなたのことが知りたいんだよ」と、愛情表現をし続けていることになります。あなたが自分の気持ちを聞いてもらうと嬉しいように、彼もあなたに話を聞いてもらうと、とっても嬉しいのです。

彼の中に、あなたへの愛情がどんどん湧き出てくるはずです♥

わがままを伝えるときのポイントをチェック！

彼に向き合って気持ちを伝える、本当にして欲しいことを素直に言う。——これを

実践して〝わがまま上手〟になってきたら、あなたはもう溺愛される人生を歩みはじめているということです。

これまでその実践のコツをお伝えしてきましたが、ここでおさらいをしておきましょう。

講座でわがままを言うためのコツを話すときには、「コミュニケーションチェックシート」を使っています。彼とのコミュニケーションで大切なポイントを、三段階でチェックできるシートです。

チェックシートの項目を挙げてポイントをまとめていきますので、彼とやりとりをするときには、これらを意識してみてください。

また、うまくコミュニケーションがとれなかったときは、あらためて項目をチェックしてみましょう。カバーできていなかったことが見えてくるはずです。

【第一段階】……彼に言いたいことを伝える前に確認したいこと

①何を伝えたいのかをクリアにしているか
②過程や背景を省略していないか
③理由と正解を伝えているか

①②はすでに詳しくお伝えしました。言いたいことを伝えるときの重要なポイントは、③の「理由と正解の両方を、きちんと伝える」ということです。

たとえば、あなたが彼からもっと連絡が欲しいと思っているとします。女性がよく口にしがちなのが、「なんで、あんまり連絡してくれないの？」ですが、これには理由も正解も入っていません。

まず、ここに理由を入れると、言いたいことが伝わりやすくなります。
「忙しいのはわかってるから、言おうかどうか迷ったんだけど、なかなか会えないぶん、電話やメールで連絡をとりたいの。そうすれば、会えないときも二人の距離を縮められるから」

次に、理由を伝えた上で、さらに正解も言いましょう。

ここでは、具体的にどれくらいの頻度で、どんな連絡が欲しいのかということです。「1日1回は何かしらのコミュニケーションがとれるように、1通のLINEでもいいし、電話で5分話すだけでもいいから、時間をとってね」

こうやって彼に正解を教えてあげれば、もう彼はそれをやればいいだけです。あなたが心から満足できる内容と方法を具体的にお願いして、彼がラクに行動できるようにしてあげてください。

【第二段階】……彼の反応を受けたときに確認したいこと

④彼からの思いがけないリアクションでショックを受けていないか
⑤彼を悪者にしていないか
⑥疑問点や不安に思うことを彼に確認しているか
⑦憶測で決めつけていないか
⑧「あとちょっとの勇気」を出しているか
⑨一人で完結せず、二人で解決しているか

思いきって彼に気持ちを伝えたあとに、悲しい気落ちになったりモヤモヤが残ったりしたら、④〜⑨を確認しましょう。

⑨の「一人で完結せず、二人で解決しているか」は、彼とコミュニケーションをとる上での大原則です。

彼と話をしていうちに喧嘩になってしまったときなどに、話しても埒があかないから一旦離れるという方法をとっていませんか？

その方法で、一時的にはそれぞれの気持ちが落ち着くかもしれないけれど、それは「一人で完結」しているだけです。二人の間で起こったことは、二人で解決しないと進む道が見えてきません。

二人は今どんな状況にあって、進めなくなっている原因は何なのか。どこを着地点にするのか。これらを二人で一緒に考えることが大切です。自分の気持ちを確認して、彼の気持ちもしっかり聞いて、解決方法を二人で一緒に模索してみてください。

[第三段階]……最終的なやりとりのあとに確認したいこと

⑩愛情を伝えられているか
⑪二人が笑顔になれる選択をしているか

最終的に確認したいポイントは、この二つ。とってもシンプルです。この二つができていないと、彼と話したあと、どこかスッキリしない気持ちになっているはずです。たとえば、相手に感情をぶつけて「私のほうが正しい！」という主張だけになっていたら、彼にあなたの愛情は伝わっていないでしょう。

そんな状態で、彼から「わかったよ」「ごめんね」という言葉を引き出したとしても、あなたの心にはモヤモヤが残るはずです。「これでいいのかな」という気持ちが湧いてくるでしょう。

たくさんの愛情を伝えられるパートナーでいたいはずなのに、それができていないことに気づいたら、素直にそのことを彼に伝えてください。

「ガミガミ言いたいわけじゃなくて、もっと仲良くなりたいから言ってるんだよ」
「私の気持ちを受けとめてくれるって信頼しているから、お願いしてるんだよ」

あなたの発言が、彼への愛情から来ていることがしっかり伝われば、彼はあなたのお願い事や問いかけに対して、「うるさいな」とは思わず、「うれしいな」と思うようになるでしょう。彼も愛情を持って応じてくれるようになります。

二人のコミュニケーションで一番大切な基本事項は、愛情を伝え合うこと。このことをいつも忘れないようにしてくださいね。

私が〝鬼嫁〟である理由とは？

愛情がベースにある限り、コミュニケーションをとればとるほど、二人の気持ちが

より深く通じ合うことになります。
あなたは彼に、何をどう伝えれば受け入れてもらえるかがわかるようになるし、彼はあなたの要望を受けとめるのが、どんどん上手になるでしょう。

あなたの気持ちや考えを彼に伝えるのに慣れてきたら、細かいことでもどんどん伝えるようにしてください。して欲しいことも、して欲しくないことも、彼へのお願い事は労力を惜しまず伝えるようにしましょう。

私は結婚して間もない頃、リョータさんへの要望は妥協せずに全部伝えていました。たとえば、私は自分のことはなんでも話すのですが、リョータさんは自分の話を積極的にするタイプではありませんでした。
私は、彼の気持ちや考えていることを知りたいので、「もっと自分の話をして」と言うのですが、彼はそもそもそういう習慣がないので、どんなタイミングで何を話していいのかわからない様子です。

それでも私はあきらめずに、いろいろな質問をして彼の気持ちを引き出し、「私はあなたとこういう話をしたい」ということを、ずっと伝え続けました。

そうしていると、私の求めていることが彼に伝わり、その日の出来事や心に残ったことなどを言葉にしてくれるようになりました。以前と比べると、性格が変わったとまで感じるほどです。

ほかにも、家での過ごし方や買い物の仕方、モノの考え方まで、リョータさんへの要望は余すところなく伝えてきました。「これやって」「あれはやめて」と言い放つのではなくて、これまでお話してきたように、彼にきちんと伝わる言い方で一つひとつ伝えます。

時には厳しいことも言います。これは喧嘩をするということではなくて、〝価値観のすり合わせ〟をするのです。自分の価値観を伝えて、相手の価値観を知って、「じゃあ、私たちはこうしていこうね」と確認し合う作業です。

だから、感情的になって「言い合う」ということではありません。お互いの言い分を冷静に「聞き合う」のです。

どちらかが話している間は口をはさまないし、相手を知ろうとする姿勢をくずさない。お互いの価値観が違うのは当たり前という前提で、もっと仲良くなるための方法を探します。

いちいち話し合わずに、気になることがあっても放っておいたほうがラクだと思うかもしれません。たしかに、仕事で忙しいときなどは、私も伝えることを後回しにしたくなるのですが、それでは同じことが繰り返されるだけ。

何かを我慢したり不満に感じたりすることが、ずっと続くということです。

それを防ぐために、私はどんなときでも、わかり合えるまで彼と向き合います。結婚して1年目の頃は、一睡もせずに朝まで話し合ったことが何度もありました。

話し合いのとき、私はいっさい妥協しないので、かなりの〝鬼嫁〟だと思います。でも、そうやって時間をかけて価値観のすり合わせをしたおかげで、年々私が「怒る」回数が減っています。

リョータさんは、私が嫌がることをしなくなったし、口に出してお願いしていないのに、先回りしてやってくれることも増えてきました。言わなくてもやってくれるって、すごくラクなことですよね。

だからこそ、わかり合うために〝時間を投資する〟ことを惜しまないで欲しいのです。想いを伝え続けたその先には、二人の本当に幸せな未来が待っているのだから。

彼と向き合えば、いつか言葉がいらなくなる

私は夫に、「私はこうやったら喜びますよ」というヒントも常に伝えています。

たとえば、テレビを一緒に観ているときに、「あ、この新しいレストラン、すごく素敵だね。記念日とかに行きたいなぁ♥」と言ったり。私が読んでいる雑誌を彼に見せて、「見て、このイヤリングすごく可愛いよね！　それにこういうのだと耳が痛くならないんだよ。こんなの欲しいな」と言ったり。

つまり、私が確実に喜ぶことになる〝正解〟の選択肢を、日常的に伝えているのです。〝正解〟がわかると、彼はとてもラクになります。私の笑顔が見たくなったら、それを実行すればいいだけだからです。

私はたくさんの選択肢を意識的に伝えているので、リョータさんは状況に合ったものを選べばいいだけです。どれを選んでも私にとっては〝正解〟なので、私は確実に大喜びするわけです。

夫は思いもよらないタイミングでプレゼントをしてくれるなど、よくサプライズを演出してくれるのですが、これは、私が喜ぶことをよく知っているからこそできること。**私が〝喜ばせ方〟のヒントを伝えることで、彼の愛情表現のバリエーションが広がっているのです。**

あなたが喜ぶことを彼にして欲しいなら、わかりやすいヒントを伝えることが必須です。あなたの喜ばせ方を具体的に伝えていれば、彼はそれを実行しやすくなるはず。思いがけないタイミングで〝不意打ち〟の愛情表現を受け取ることもあるでしょう。

リョータさんは、私を喜ばせることについて、たくさんの成功体験を積み重ねているからか、私の喜ばせ方が年々バージョンアップしています（笑）。今ではまったくの不意打ちで、愛情表現をしてくれます。

付き合って1000日目の記念日（私はまったく把握していませんでした）に、彼はサプライズを用意してくれていました。私が帰宅すると、ダイニングテーブルの上に、手紙とトランプのカードが置いてあったのです。

手紙には「付き合って1000日たったね」から始まる愛の言葉。そして、52枚のトランプには1枚1枚すべてに「結婚してくれてありがとう」「いつも笑顔でいてくれてありがとう」などという感謝の言葉が書かれていました。

こんなこともありました。

私が前著『「1%も尽くさない」で一生愛される』を執筆していたとき、初の著書ということもあって、うまく書き進められずに悩んでいた時期があったのですが、そんな私にリョータさんが、ホテルステイを提案してくれたのです。

「環境を変えたら、うまく書けるかもしれないよ。ホテルの部屋をとるから一泊してそこで書いてみなよ」

そう言ってラグジュアリーホテルの部屋を予約してくれました。

彼いわく、そのときの私は「頭から湯気が出ている状態」だったとのこと。自分は代わってあげられないけど、なんとか力になりたいと思ってくれたのだそうです。

リョータさんの愛情あふれる提案のおかげで、私の執筆ははかどり、彼の優しさに改めて感謝したのでした。

「自分から幸せになる」と決断しよう！

今、私は夫と一緒にすごく幸せな毎日を過ごしていますが、私を幸せにしてくれそうだから彼を選んだわけではありません。

私はいつだって、自分で〝幸せになる〟方法を見つけるようにしています。自分が選んだ男性の隣で、幸せでい続けようと思っているのです。

相手に「幸せにしてもらう」のではなく、「自分から幸せになる」。そのために必要なことは何かを考えて、行動に移しています。

自分が幸せでい続けるためには、相手に本心をわかってもらわないといけないし、して欲しいことを具体的に知っておいてもらわなければなりません。

我慢や遠慮をせずに要望を伝えることも、お互いが歩み寄るために話し合いをすることも必要。私を喜ばせることが上手になってもらう必要もあります。

もちろん、何もせずに彼にそうなってもらうことは、不可能です。彼が自分で勝手に変わってくれることもありません。だから私は、愛情をちゃんと伝えた上で、素直にわがままを言い続けています。

彼とずっと一緒にいたいから、彼を信頼して甘え続けている。これが私が幸せでいられる理由です。そして女性が一番ラクに幸せでい続けられる方法だと思うのです。

自分から幸せになりにいく。
そのために、あなたも〝自分らしいわがまま〟を彼に言い続けてくださいね♥

Column 4

Message from Ryota

厳しい鬼嫁なのに、やっぱり愛しい理由

言いたいことを我慢することなく、どんなときでも気持ちを伝えてくれるユウちゃんの姿勢は、まさに〝鬼嫁〟なのだけれど、そのおかげで二人の関係は〝進化〟しています。

彼女が〝わがまま〟を言ってくれるから、彼女に何をしてあげれば〝正解〟になるかがわかる。疑問や希望を一つひとつ伝えてくれるから、二人がよりわかり合うことができる。

僕は今、これらのことがパートナーシップにおいてかなり重要だと理解できていますが、ユウちゃんに出会わなければ、こういう考え方をするようにはならなかったかもしれません。

実は僕の両親は九州出身。九州には、女性が男性を立てることを重んじる文化

があります。だから、自分の母親が父親に積極的に気持ちを伝えたり、わかりやすく甘える姿を見たことがありませんでした。

そういう背景もあって、ユウちゃんの〝わがまま〟は、カルチャーショックとも言えるものだったのです。それでも、彼女が何度も丁寧に伝えてくれるので、最終的には「なるほど、そうか。そうすればいいんだな」と納得するのでした。


そして、彼女が自分と「もっと仲良くなりたいから」わがままを言うのだと知ってからはとくに、どんなに厳しいことを言われても、それに応えたいと思うようになりました。言葉だけ聞くと、人によっては「キツい」とか「生意気だ」と受け取るようなことでも、「僕を信頼して、甘えてくれてるんだな」と感じます。

だから、怒っていても可愛いのです。思いがけないことで怒りだす彼女に対しても、つい笑いながら「あ、そこで怒っちゃうんだね」と言ってしまいます。その言葉で彼女も笑顔になったりするのです。

こんなやりとりができるのも、彼女にとって、素直なわがままが当たり前だったから。可愛いわがままを言う女性が増えれば、幸せな男性も増えると思います。

第5章

ずっと
自分らしくいられる
欲張り人生論♥

生き方を見直すと、恋愛の仕方が変わる

我慢や遠慮をせず、相手を信頼して素直にわがままを言うのが、幸せな恋愛の秘訣。そんな恋愛をするために、具体的に何をすればいいかについて、ここまでお話してきました。

この本でお伝えしてきたことを実際に行動に移して、幸せな恋愛をするようになった方を、私はたくさん見てきました。あなたも一歩を踏み出して、彼とのコミュニケーションの仕方を変えれば、きっと本心から求める恋愛ができるようになるはずです。

それでも、なかなかうまくいかないと、悩むこともあるかもしれません。**そんなときは、あなたの〝生き方〟について、ちょっと振り返ってみてください。**

恋愛は人生の一部です。だからあなたが生きる上で、何かを我慢するのが当たり前になっていたり、仕事や人付き合いで遠慮する癖があったりしたら、恋愛に関してだけわがままになるのは、きっと難しいことでしょう。

私にとって、素直なわがままを言うのは、ずっと前から当たり前のことでしたが、それは恋愛だけではなく、仕事でも人間関係でも同じ。わがままでいること、つまり我慢せずに本心を大切にすることが、私の人生では当たり前だったのです。

だからこそ、パートナーに対しても自然にわがままが言えるし、そこに迷いがありません。講座でそのような話をすると、こんなことを言う生徒さんもいます。

「私はそもそも仕事で我慢ばかりしていて、余裕がないのかも。本当にしたい恋愛をするためには、自分がどういう生き方をしたいのか、考えないといけないですね」

あなたも、生きる上で我慢や遠慮をしていませんか？　自分の本心を見ずに我慢をし続けていたら、幸せは遠ざかるだけ。それよりも、本心に素直に生きることが大切です。我慢をやめたとき、あなたにとって人生で一番大切にしたいものが、クリアになってくるはずです。それが、幸せな恋愛や結婚につながるのです。

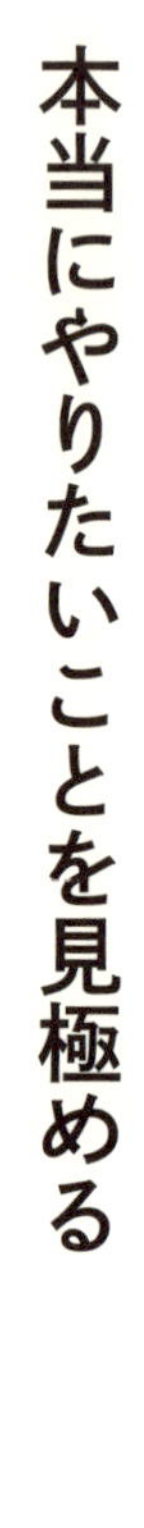

本当にやりたいことを見極める

私の場合、まず人生で重きを置いたのは「仕事」でした。自分らしい仕事ができる人生を送りたいという想いがずっとあり、その上で「どんな恋愛・結婚がいいか？」と考えるようになりました。

そうは言っても、最初から〝理想の仕事〟に出会えていたわけではありません。いろいろな経験をしているうちに、自分らしい仕事がだんだんと見えてきたのです。

キャリアについて模索する中で、私がいつも大切にしていたのは、「自分の本心が満足しているか」ということ。これが〝私らしさ〟を追求する原動力になりました。

素直に「わがままに生きる」ためのヒントになればと思うので、ここで私がどんな生き方をしてきたのか、どんなふうに仕事と向き合ってきたのかをお話します。

私の初めての就職先は、金融機関でした。今の仕事とはまったくジャンルの違う業界です。実はその頃、私が本当に行きたかったのはファッション業界だったのですが、当時、学校の先生から提示された「一番いい就職先」を選んだ結果、銀行で働くことになったのです。

銀行では制服での勤務になるため、平日は大好きなおしゃれができません。当時は「早く一日が終わらないかな。早く金曜にならないかな」と思いながら仕事をしていました。平日はとにかく耐える日々。土曜日と日曜日の2日間だけが、自分らしくいられる時間だったのです。

もちろん会社員であることのメリットもありました。毎月きちんとお給料をもらえるし、ボーナスももらえます。増えていく預金通帳の残高を見ながら、「今はお金を溜めるときなんだ。いつかは本当に好きなことをするんだ」と、自分に言い聞かせていました。

そんな日々を何年か過ごしたあと、どうしてもファッションの仕事をあきらめきれなかった私は、アパレルメーカーへの転職を決意しました。銀行員は安定した職業ということもあり、まわりからは「辞めないほうがいい」と言われたりもしましたが、私は〝銀行でずっと働く自分〟をイメージすることはできませんでした。

それは、私が心から満足する人生じゃないと思ったのです。だから転職するのは自分にとって自然なこと。「後悔したらどうしよう」「まわりからどう思われるだろう」と心配することはありませんでした。


最初に選んだ銀行の仕事は〝本当に好きなこと〟ではなかったけれど、お金を貯めることはできたし、自分らしさを再確認することもできました。

また、その頃にとった簿記などの資格も、その後役に立つことになります。どんなことでも無駄にはならないのだと実感しました。

人生をステージアップさせるための鍵

大好きなブランドを展開しているアパレルメーカーに転職することができた私は、販売員として働くことになりました。

当初、私は「お客様におしゃれを楽しんでもらうための提案ができる！」とワクワクしていたのですが、やがてそうではないことに気づきます。

販売員は〝モノを売る〟のが仕事。目の前のお客様には白いコートが似合うと思ったとしても、黒いコートの在庫が多ければそちらをすすめなければならない場合もあります。

けれど私が本当にしたかったのは、お客様のためにファッションを〝提案する〟ことでした。接客自体はとても楽しいのですが、メーカーの販売員である限り、「自分が心から提案したい服だけを提案する」ということはできません。売上目標を達成するのが販売員の仕事だからです。

日に日に、私の中で〝違和感〟が広がっていきました。念願だったアパレルメーカーでの仕事は、自分の本心が本当に満足するものではなかったわけです。

このような状況に陥ったとき、「せっかく転職したのだし、すぐに辞めるとまわりに迷惑がかかるから、もう少し頑張ってみよう」と思う人もいるかもしれません。

でも私は、自分の中の違和感を無視して、我慢して働き続けることはできませんでした。「やっぱり、自分が本心から求めることを仕事にしたい！」と思ったのです。

私は悩んだ末に、会社を辞めて、自分のセレクトショップを立ち上げることを決意しました。

もちろん、店舗経営は生まれて初めてだったので、最初はわからないことだらけ。必死で勉強し、情報収集もしました。また、これまでの貯金を崩して数百万円を投資することも、ものすごく勇気がいることでした。

それでも、本当にやりたいことが見えてきたからには、進むしかありません。人生初のビッグチャレンジでした。

自分の店をオープンさせて、私はあらためて接客の楽しさを実感しました。自分が提案した洋服でお客様が笑顔になるのは、思っていた以上に大きな喜びでした。

一方で、店舗経営の厳しさにも直面します。固定客を増やすことや、収益を上げることの難しさを身にしみて感じたのです。

試行錯誤しながらの経営でしたが、ただ一つ確信したことがあります。それは、私にとってファッションの提案は、本当に楽しくてやりがいのある仕事だということ。この仕事をずっと続けたいという強い想いがあったのです。

「この仕事を長く継続していくためには、どうすればいいだろう?」

「店舗を構えて、在庫を抱えることなく、この仕事をする方法はないだろうか?」

私は毎日、より自分に合った働き方を模索していました。

そんなある日、私は「パーソナルスタイリスト」という職業に出会うことになります。この職業について知った瞬間、私はピンときました。

「これ、きっと私にぴったりの仕事だ!」

すぐさまインターネットでパーソナルスタイリストについて調べて、その仕事に必要な資格を見つけ出し、その場で資格取得のための講座に申し込みました。
この職業を知ってから申し込みを完了するまで、2時間もかからなかったと思います。

日頃から〝より自分らしい働き方〟について考えていたからこそ、情報を得たときに、直感で行動することができたのです。

「すぐ動くのは怖い」「もっと慎重に」と考える人もいるかもしれませんが、素直に自分の心が動くほうへ進むのも大切なことです。
即決して行動することでこそ、つかめるチャンスもあります。なんでも時間をかければいいというわけではありません。

こうして私はパーソナルスタイリストとして働く道を選び、一大決心をして立ち上げたお店をたたむことにしました。
そして、第1章の冒頭でお伝えしたように、デート服専門のショッピング同行サービスを提供するようになったのです。

ここにたどり着くまでに、遠回りしたようにも見えますが、思い切って店舗経営にチャレンジして本当によかったと思っています。

実体験でビジネスを学ぶことができたのは、私にとって大きな財産となりました。〝理想の仕事〟に向かって、徐々にステージアップしていけたという印象です。

新たなステージに立つたびに、より自分らしく働いていることを実感できました。

素直に生きていれば、選ぶべき相手がわかる

のちに夫となるリョータさんに出会ったのは、パーソナルスタイリストとして活動しはじめた頃です。

その頃の私は、ショッピング同行の仕事を軌道に乗せることで頭がいっぱいでした。

当時、ショッピング同行は40～50代の女性に人気のサービスで、スタイリストは30代

以上の人がほとんどでした。

そのため、20代の私がこの仕事をしていくには、若い世代に向けてどうアピールしていくかが課題でした。

そこで私は、〝デート服専門〟というポイントを打ち出し、「好きな人に可愛いと思ってもらいたい」という女性向けのサービスにしていたのですが、最初からうまくいっていたわけではありません。

思うように集客できないときもあり、セミナーなどを開催してもまったく収益が上がらないときもありました。

そんな中でも、このサービスを求めている人がいるはずと信じて、コツコツとブログを書いて情報発信をし続けました。自分らしい仕事で安定した収入を得ようと奮闘していたのです。


だから、リョータさんに出会ったとき、すでに私の中での最優先事項は「仕事」になっていました。

思い返せば、リョータさんと会っているとき、私は自然と「今の仕事がいかに楽しいか」「これからどんな夢を叶えていきたいか」などを、熱く語っていました（笑）。

彼は私の話をいつも真剣に聞いてくれて、あるときこんな言葉をくれました。

「ユウちゃんが夢を叶える瞬間を、隣で見させて」

この言葉を聞いたとき、私は「この人と一緒にいることで、私はずっと私らしくいられるかもしれない」と感じたのです。

この人は、私の大切なものを大切にしてくれる。

私の可能性をどんどん広げてくれる。

私が夢を叶えることを、一緒に喜んでくれる。

そしてきっと、時に突っ走ってしまう私の〝休憩場所〟になってくれる。


そう確信したので、彼と結婚しようと決めました。そのときは彼から「付き合ってください」と言われていたのですが、直感で恋人よりも夫婦になりたいと思ったのです。一緒にいることで心から安心できたし、どんなときも穏やかにいる彼の心に触れるたびに、「この人は私に必要な人だ」と感じていました。

本心に従って、素直にわがままに生きていると、そのまま自分らしくいられる相手を選ぶことができます。

世の中でいう普通や、他人の視点、社会的な評価なんて気にせずに、自分の心が求めている男性を選択するのです。

これって、相手とベストパートナーになるために、とても大切なことです。

何もせずに理想のパートナーと出会えて結ばれるなんていうことはなく、二人の関係は育てていくものですが、まずは本心が満たされる相手を選ぶことが肝心です。その上で、これまで本書でお伝えしてきた愛情あるコミュニケーションをとっていれば、必ずベストパートナーになれるのです。

結婚してからも、リョータさんはいつも私の仕事を優先してくれました。

その後、私はパーソナルスタイリストから「愛妻コンサルタント」へ転身し、さらに自分らしい仕事をするステージへと進むことになるのですが、彼はどんなときも一番近くで穏やかに見守ってくれています。

見返りなんて求めることなく、いつも喜んでサポートしてくれる夫の存在は、私の人生においてなくてはならないものになりました。

仕事が一番大切だと思っていた私ですが、気づけば今では二人の生活が一番守りたいものになっています。

自分らしく生きるための「お金」の話

生き方やパートナーシップについてお話するときに、よく「お金」のことを質問されます。私がどんなふうにお金と向き合っているかについて、少しお話しますね。
「お金があってこそ幸せになれる」と思っている人が多いようですが、私は幸せになるためにたくさんのお金が必要だとは思っていません。

私はきょうだいが多かったということもあり、実家は決して裕福な家庭ではありませんでした。それでも、家族みんなが仲良く幸せに暮らしていたので、幼い頃から「お金がなくても幸せになれる」という感覚を持っていたのです。

お金があるかないかが幸せの基準ではなかったので、結婚するときも経済的なことを気にかけることはありませんでした。

結婚するまで、リョータさんの貯金がどれくらいあるかも知らなかったくらいです。結婚して間もない頃は、お金が十分にあるわけではなかったけれど、そのことに不満を感じることはありませんでした。

お金が足りないとき、「どうやって乗り切ろうか？」と話し合うことはあっても、お金がないことが原因で喧嘩になることはありませんでした。

「お金のことはなんとでもなる！　いざとなったら二人でバイトしよう！」と言っていましたし、本当にそう思っていました。

最近知ったのですが、当時、義理の姉は私たちを見て「なんであの二人はお金があるわけじゃないのに、あんなに幸せそうなの？」と思っていたそうです。

私が確信しているのは、幸せになるために、お金がたくさんあるかどうかはそんなに重要ではないということです。

でも、お金をどう使うかはとても大切です。私はずっと、自分にとって優先順位の高いものにお金を使ってきました。

これは当たり前のことのように聞こえるかもしれませんが、自分にとって一番優先順位が高いものを見極められていない人が多いように感じます。

優先順位が高いもの＝自分を本当に幸せにしてくれるものです。

私がずっと優先させてきたものは、仕事道具でもある洋服です。そこにお金を費やすために、食費や娯楽費をかなり削っていましたが、一番大切なものにお金を使えていたので、いつも幸せを感じていました。

時々、「キレイになりたい！」と言いながら、ヘアサロンに行くなど美容のためのお金を捻出していない方がいます。そういう方は、自分が本当に幸せになれるものにお金を使うことを我慢してしまっているのではないでしょうか。あるいは、本当の優先事項が見えていないのではないかと思います。

大切なのは、自分を一番幸せにしてくれるものをきちんと見定めて、我慢せずにそれにお金を使うことです。それができていれば、お金がたくさんあることが幸せの条件だなんて思わなくなるはずです。

お金がどれだけあるかではなく、何に使うかにフォーカスしてください。「手元にあるお金を、何に使えば幸せになれるかな？」と考える習慣がつけば、きっと無駄遣いもなくなるでしょう。

また、私は「お金を使う＝お金がなくなる」とは考えていません。「なくなる」と思うと、使うことが怖くなってしまいますよね。

私は自分の店舗を立ち上げるときに、数百万円というお金を使いました。その投資を決断するのには勇気が必要でしたが、「なくなるのが怖い」という感覚はありませんでした。それよりも「人生で最大のお買い物なんだから、人生で一番楽しもう！」とモチベーションが高まっていたのです。

最終的にはお店をたたむことになったけれど、お金はなくなったのではなく、店舗経営の〝経験〟〝ノウハウ〟として私の中に残りました。だから、「あんなにお金を使って、もったいなかったな」と思ったことはないのです。

お金を払う対象が、自分にとって絶対に必要なものだと確信していれば、お金を使うことを恐れたり、お金を使ったことを後悔することはないはずです。

お金は幸せになるためのツールの一つです。向き合い方さえ間違えなければ、その量に関わらず、自分らしく生きるための心強い味方となってくれるのです。

自分を信じることに根拠はいらない

私が今、思いっきりわがままに自由に生きていられるのは、ずっと自分らしさを追求してきたからだと実感しています。我慢や妥協をせず、自分の本心が求める方向へ

進み続けてきたからこそ、今があるのだと思うのです。

自分の本心を信じて行動を起こし続けるのは勇気がいることかもしれません。でも私は「絶対に大丈夫。きっとうまくいく！」と思っていました。

なぜなら〝根拠のない自信〟があったからです。私は昔からずっと、家族や友人から「なんでそんなに根拠のない自信があるの？」と言われてきました。

そんな根拠のない自信があったおかげで、私は人生で思いどおりにいかないことがあっても、あきらめずに新たな道を探し出すことができたのです。

ここで大切なのは〝根拠がない〟というところです。


自信を持つために、根拠は必要ありません。

一番おすすめできないのが、自分の外に根拠を求めるということです。みなさん、誰かに褒められることで自信を持とうとしていませんか？　自信を持つために他人の評価を求めるというのは、自分の価値判断を他人の手にゆだねていることなんです。

自信を持つためには、自分で自分の価値を認めてしまえばいいだけです。まず、自分が自分を認めて、本心のままに行動し、自分を満たしていれば、まわりの評価はあとからついてきます。

だから、最初に必要なのは〝根拠のない自信〟を持つことです。自分を信頼するのに、根拠なんていりません。

「それでもなかなか自分を信じられない……」という方は、まず自己肯定力をアップさせましょう。そのための方法は二つあります。

自分で自分をたくさん褒める
他人を批判する言葉を口にしない

まず、「自分で自分を褒める」ことはとても大切です。

「自分のここがすごい」と思うところに目を向けて、とにかくたくさん自分を褒めてあげてください。私は時々、過去にさかのぼってまで、自分を褒めています（笑）。

「あのとき、こういう決断をした私はえらい！」

「本当に私はツイてる。すごいラッキーガール！」

という感じで自分をとことん褒めるのです。

間違っても「やっぱり私はダメだ」なんて、自分をけなさないでくださいね。


次に大切なのは、「他人の批判をしない」ことです。

他人を批判したり責めたりする人は、心のどこかで「きっとまわりも自分のことを批判している」と思っているのです。自分がすることは、相手もする可能性があることだと捉えるからです。

その結果、まわりの人の反応をネガティブに受け取ることになり、それに影響されて自信がどんどんなくなっていきます。


思い当たる方はまず、他人の悪口をやめてみてください。批判を口に出さなくなると、「人に何かを言われるかもしれない」という不安も、自然となくなります。余計な心配をすることがなくなれば、〝自分を信じる〟ということにフォーカスできます。

幸せになる秘訣は〝自分〟に集中すること

私が昔から意識していることの一つに、「人と比べない」ということがあります。

「あの子より、私はうまくやっている」

「あの人の彼より、私の彼のほうが素敵」


こんなふうに他人と比較して自分の幸せを計っていては、永遠に幸せになれません。

一瞬、優越感によって自分を守れた気にはなるけれど、すぐに劣等感で苦しくなってしまいます。


「あの子のほうが、うまくいっている」

「あの人のほうが、可愛くて愛されてる」

という思考を捨てることができないからです。

他人と自分を比較して落ち込んでしまう人は多いのですが、そんな方に私は、「もっと自分に集中してみて」とアドバイスをしています。

他人が気になるのは、自分に集中できていない証拠です。自分自身をしっかり見ることができている人は、他人のことなんて気にしていません。

今の自分を知るために、誰かと比較したくなったときは、〝過去の自分〟と比べましょう。昨日の自分、去年の自分、今の彼と出会う前の自分――。「あのときの自分と比べて、今はどうかな?」と考えることで、今の自分が取り組むべきことが見えてきます。

他人といっさい比較せず、自分に集中しはじめると、あなたにとっての〝正解〟を見つけるスピードが速くなるでしょう。
それは、決断力が高まるということでもあります。

ちなみに私は、何かを決めるスピードがものすごく速いのです。カフェで何を注文するかは、座った直後に決めているし、洋服を買うときも試着をした瞬間に買うかどうかが決まっています。

また、仕事の依頼をいただいたときも、お受けするかどうかは5秒くらいで決めます（！）。

こんなふうに悩んだり迷ったりする時間がとても短いのは、やっぱり私が〝自分〟に集中できているからです。

もし私が、「あの人もこういう仕事を受けてたな」「他の人はどういう対応をしているんだろう」なんて考えていたら、決断するタイミングがどんどん遅れていくでしょう。それだと時間がもったいないし、チャンスを逃してしまうことだってあります。

自分らしくありたいなら、他人を気にする時間を持たないこと。幸せに生きるためには、自分に集中する時間をより多く持つことです。

自由に生きるためのセルフプロデュース

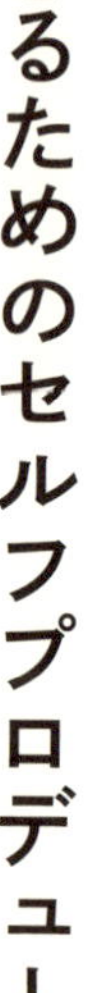

他人を気にしなくなって初めて、あなたは本当の意味でのセルフプロデュースができるようになるでしょう。

ただ、ここで明確にしておきたいことがあります。それは「他人を気にしないというのは、他人からの言葉や評価をいっさい無視することではない」ということです。

第3章でお伝えしたように、自分に対するフィードバックを素直に受け取るのは、とても大切なことです。

他人からよいフィードバックをもらうことに固執する必要はないけれど、まわりの人からどんな言葉を受け取りたいかを考えて、そこをセルフプロデュースのスタート地点にするのはおすすめです。

まず、あなたが人から言われて嬉しい言葉を考えてみてください。「こう言われるとすごく嬉しい」「その言葉って私らしいな」と思えるものです。

たとえば「センスがいい」と言われることが嬉しいなら、あなたのセンスをわかりやすくアピールできる行動を起こすようにしましょう。

具体的には、自分に似合うスタイルを見極めておしゃれをしたり、さりげなく流行を取り入れたりすればいいのです。そうすると、「センスがいい」という言葉をもらいやすくなります。

いつもファッションを褒められている人を観察して、その人の〝魅せ方〟を参考にするのもいいでしょう。

「こうありたい自分」と「まわりからもらえる言葉」をリンクさせながら行動を起こすのって、実はそんなに難しいことではありません。「この言葉をもらうためにはどうすればいいか」を考えて行動するだけです。

これは、簡単なわりに、とても効果的なセルフプロデュースです。

自分自身を客観的に見ることになるので、「セルフイメージ」と「他人から見た自分のイメージ」がずれていくことがありません。だからこそ、相手に受け取って欲しい形で、確実に自分の魅力を伝えられることになるのです。

自分らしいイメージは自分で自由につくることができます。これがわかっているだけで〝自分発信力〟が大きく変わってくるでしょう。

ありのままでいられる場所を見つけよう

あなたが自分の本心に沿って行動したり、発言したりしていると、そのことを批判する人が出てくることもあるでしょう。

あなたのもとから離れていく人も出てくるかもしれませんが、その人を追いかけて、自分のことを理解してもらう必要はありません。

私は常に、自分を受け入れてくれない人が一定数いると思っています。反対に、どんなことがあっても、ありのままの自分を受け入れてくれる人も、必ず一定数いるのです。

それだったら、受け入れてくれる人たちの中にいたほうが幸せです。そういう人たちがいる場所を、自分の居場所にすればいい。

相手が自分を受け入れてくれるかどうかは、実際に相手にぶつかってみるしかありません。相手からの評価を怖がって距離をとるのではなく、自分らしさを維持したまま、相手に向き合ってみることです。

そこで初めて、「何があっても、ずっとそばにいてくれる人かどうか」がわかります。

ありのままのあなたを受け入れてくれない人は、たとえつながったとしても、いつかは関係が切れてしまう人です。そんな人たちに「嫌われたくない」なんて思わなくても大丈夫です。

すべての人に好かれることなんて、不可能なこと。「嫌われたらどうしよう」と悩む時間は手放しましょう！　それよりも、あなたの気持ちを誤解なく伝えられるよう

に発信力を磨くことです。きちんと自己表現できていれば、わかる人には伝わるはずです。

豊かな人間関係は豊かな人生をつくります。けれど、嫌われないようにすることで、豊かな人間関係が生まれるわけではありません。あなたのことを本当にわかってくれる人たちを大切にすればいいだけなのです。

人生も恋愛も、大切にすべきことは同じ

「遠慮も我慢もせず、思いっきり自由にわがままに生きて！」

これが、私があなたに一番伝えたいことです。

本心に沿って生きることを、自分に許してあげてください。「みんなに迷惑がかからないかな」「嫌われないかな」「そんなことしていいのかな」なんて思わないで。

他人を思いやることは大切ですが、他人の目線を気にしすぎて、〝素直な自分〟を押し込めていると、自由に生きることはできません。

まずは、自分の本心を大切にして欲しいのです。


私が転職や起業など、大きな決断をするとき、まわりの人たちは「こうしたほうがいい」「もっとこんなふうに考えたら？」などとアドバイスをしてくれました。

それはありがたかったのですが、私は何かを選ぶとき、自分の中に〝違和感〟がないことのほうを重要視していました。誰に何を言われても、自分が違和感を覚えるようなら選ばない。それが一番大切なのです。

自分にとってしっくりこないことなのに、人にアドバイスされるまま、それを選んでしまうと、どうなるでしょうか？

きっと、違和感がずっと続きます。あなたの本心は満足することがないでしょう。

そしていずれ、うまくいかないことを、他人のせいにするのではないでしょうか。

「上司が辞めるなと言ったから、そのせいで嫌な仕事を続けている」

「親がやるなと言うから、本当に好きなことができないんだ」

こんなふうに、まわりの人を悪者にしてしまうのです。嫌わなくてもいい人を嫌ってしまうなんて、とても悲しいことです。


自由な人生を歩むのは、難しいことではありません。

ただ、素直に生きればいいのです。

いつも自分の本心と向き合って、本心からくる感情を大切にすること。

その感情をベースにして、物事を決断していくこと。

自分が、なぜそれを選択したのかを、きちんと説明できるようになること。


この本を読んできたあなたは、もう気づいていますよね？

そう、恋愛も人生も、フォーカスすべきことはまったく同じ。

自分の本心を優先して、想いをクリアに言葉にすることができれば、大切な人との絆を深めながら、自由に自分らしく生きることができるのです。

そうやって生きていると、あなたは自分で自分を導くことができるようになります。
何を選ぶかを迷ったとき、他人からのアドバイスがなくても、〝今までの経験〟から答えを導き出すことができるようになる。自分の意思で選択して、すぐに決断し、行動を起こすのが当たり前になるのです。

あなたから「我慢」や「遠慮」が消えたら、もう自由で幸せな人生の始まりです。

Message from Yu

気持ちを切り替える「スイッチ」の言葉

私はよく「悩みなんてなさそう」と言われるし、実際に後悔したり不安になったりすることはほとんどないのですが、それでも落ち込むときはあります。

ネガティブなことはあまり考えないようにして、ポジティブな思考に変換するのがいいと言う人もいますが、私は逆に、ネガティブな感情を「味わい尽くす」ようにしています。

5~10分くらい、その感情に全力で向き合い、「自分はここがよくなかった」「こうすればよかった」「なんで、できなかったんだろう?」などということを、とことん考えるのです。

もうこれ以上言葉にできないと思えるくらい考え尽くすと、考えてもしかたないなと思えます。実際のところ、過ぎ去ったことを考えても仕方ないですよね。

そこで私の口から出てくる言葉が、「ま、いっか!」。

この言葉で、私は自分の思考を切り替えることができるのです。


しばらくの間マイナスの感情に向き合っていれば、その気持ちが長引くことはない。これ以上ないくらい考えたら、「ま、いっか!」と思える。自分でこうなることがわかっているので、思う存分落ち込みます。

これは「自分の扱い方」をよく知っているということです。自分の扱い方が上手になると、感情に振り回される時間が短くなります。

自分の扱い方を知るためには、まず自分の感情に善悪をつけず、素直に受けとめること。あなたがあなたの気持ちを受けとめることで、その感情は行き場を見つけます。そうやって自分の感情に向き合っていると、いつか自分なりのおさめ方がわかってくるはずです。

自分の扱い方が上手になるまでは、時間がかかるかもしれないけれど、だからこそその力は人生で大きな価値を持つことになります。

だから、素直さを忘れずに、自分と向き合い続けて欲しいのです。

おわりに

最終的に結婚で最も幸せをゲットできるのは、一見自分勝手に見える女の子。
そう、「わがまま」な女の子。

人の目を気にして、いつも周りに合わせて、自分を抑えて過ごしている人からしたら、「わがままに生きる」って〝悪いこと〟なのかもしれません。
「私は、我慢してるのに……」って思うでしょう。

だけど、わがままでいいのです。

わがままに生きると、「嫌いな人」がいなくなります。
わがままに生きると、「不満」がなくなります。
わがままに生きると、自分に「余力」ができます。

その余力で、人に優しくできるのです。

それって、世の中に不満ばかり抱きながらつくった「いい人」よりも、ずっと自然でラクなはず。とっても気持ちのいい在り方です。

誰のせいにもせず、自己責任で自分をご機嫌にする方法。
それが、本書で繰り返しお伝えしてきた「溺愛されるわがまま」です。

自分の本心に従って、自由に生きる。
ぜひ、「わがままに生きること」を自分に許可してみてください。
あなたが自分を大切に扱うと、そんなあなたを大切に思う人が現れます。

あなたが溺愛される人生を、心から願っています。

萩中ユウ

萩中 ユウ（はぎなか ゆう）
愛妻コンサルタント／（株）charmonet. 代表取締役

金融機関、アパレルメーカーで勤務後、自らセレクトショップを立ち上げ経営を行う。その傍らデート服専門のパーソナルスタイリストとしても活動を開始。クライアントへのヒアリング時に恋愛相談を受けることが多くなり、アドバイスした女性から「彼氏ができた」「結婚が決まった」という報告が続出。
現在は、男女のコミュニケーションの違いを的確におさえた愛情ベースの"伝え方"を武器に、愛妻コンサルタントとして活動。ブログやセミナー、ワークショップが20代から50代まで幅広い年齢層の女性に支持され、東京・名古屋・大阪などで行う大規模セミナーも常に満席。講座は半年～1年の予約待ちの状態に。著書に『「1％も尽くさない」で一生愛される～彼が私のファンになるかわいい鬼嫁のススメ』（総合法令出版）がある。

HP http://yuhaginaka.com
Blog http://ameblo.jp/youu-code
Twitter http://twitter.com/yu_haginaka
Instagram http://www.instagram.com/yu_haginaka
Facebook http://www.facebook.com/yu.haginaka

恋愛上手なあの子がしてる
溺愛されるわがままのすすめ

2017年10月20日第1版第1刷発行

著　者　萩中ユウ
発行者　玉越直人
発行所　ＷＡＶＥ出版
〒102-0074　東京都千代田区九段南3-9-12
TEL 03-3261-3713
FAX 03-3261-3823
振替 00100-7-366376
E-mail: info@wave-publishers.co.jp
http://www.wave-publishers.co.jp

印刷・製本　萩原印刷

© Yu Haginaka 2017 Printed in Japan
落丁・乱丁本は送料小社負担にてお取り替え致します。
本書の無断複写・複製・転載を禁じます。
NDC 159　207p　19cm
ISBN978-4-86621-079-7